UTE WEHRLE /
HANS JÜRGEN KUGLER

Gauner, Gangster, schräge Vögel

SKURRIL, LUSTIG UND REAL Ein blinder Passagier in einem Polizeiauto, eine Sexpuppe im Fokus eines Einsatzes, die Entführung von Gartenzwergen – der Polizeialltag kann bisweilen durchaus lustig sein. Skurrile und kuriose Fälle sorgen für manche Überraschung auf den Dienststellen. Und sie passieren öfter, als man glaubt. Die Rechtshüter rücken an, wenn der Weihnachtsmann die falschen Geschenke gebracht hat, eine Braut gestrandet ist oder die eigenen Haushaltsgeräte einen als Geisel genommen haben. Selbst als Dompteur oder Autoknacker hat sich der eine oder andere Beamte bereits bewährt. Ab und an wird der Polizei die Arbeit auch abgenommen – und zwar von den Tätern selbst. Und stets ist Fingerspitzengefühl gefragt im Umgang mit menschlichen und tierischen Pechvögeln, Streithähnen und glücklosen Ganoven.

Ute Wehrle und Hans Jürgen Kugler haben die ungewöhnlichsten Fälle der letzten Jahre gesammelt und redaktionell aufbereitet. Begleiten Sie Polizei und Feuerwehr bei Einsätzen, die aus dem Rahmen fallen und Anlass zum Schmunzeln geben!

© Hans Jürgen Kugler

Ute Wehrle ist gebürtige Freiburgerin und hat in Heilbronn Touristik-Betriebswirtschaft studiert. Die langjährige Redakteurin einer Tageszeitung arbeitet heute als freie Autorin. Von ihr sind bereits mehrere erfolgreiche Krimis und Sachbücher erschienen. Ihre Kurzgeschichten wurden in verschiedenen Anthologien veröffentlicht.

© privat

Hans Jürgen Kugler studierte Philosophie und Germanistik in Freiburg. Er tritt als Autor von Romanen und Kurzgeschichten sowie als Herausgeber diverser Anthologien in Erscheinung und wurde wiederholt für seine journalistischen Arbeiten ausgezeichnet.

UTE WEHRLE /
HANS JÜRGEN KUGLER

Gauner, Gangster, schräge Vögel

KURIOSES AUS DEM POLIZEIALLTAG

GMEINER

Quellenangabe:
Wenn nicht anders angegeben, diente als Quelle
das Presseportal ots, übermittelt durch news aktuell.

Immer informiert

NEWSLETTER

Spannung pur – mit unserem Newsletter informieren wir Sie regelmäßig über Wissenswertes aus unserer Bücherwelt.

Gefällt mir!

Facebook: @Gmeiner.Verlag
Instagram: @gmeinerverlag
Twitter: @GmeinerVerlag

FSC www.fsc.org MIX Papier | Fördert gute Waldnutzung FSC® C083411

Besuchen Sie uns im Internet:
www.gmeiner-verlag.de

Im Ehnried 5, 88605 Meßkirch
Telefon 07575/2095-0
info@gmeiner-verlag.de

1. Auflage 2023

Lektorat: Ricarda Dück
Herstellung: Mirjam Hecht
Umschlaggestaltung: U.O.R.G. Lutz Eberle, Stuttgart
unter Verwendung eines Fotos von: © Alexander / stock.adobe.com
Druck: CPI books GmbH, Leck
Printed in Germany
ISBN 978-3-8392-0481-8

INHALT

STREITHÄHNE

Wenn's um die Wurst geht

Fleischfresser neigten verstärkt zu Aggressionen – behaupten zumindest Veganer und Vegetarier. So ganz unrecht scheinen sie nicht zu haben, wie folgende Begebenheit belegt. In Rheinfelden (Baden-Württemberg) war's einem 40-jährigen Kunden nicht wurst, welche Wurst er nehmen wolle, nur zum Bedauern der anderen Wartenden an der Wursttheke konnte er sich auf die Schnelle für keine Sorte so recht entscheiden. Das dauerte einem 83-jährigen Supermarktbesucher entschieden zu lange, und er zog dem unentschlossenen Wurstliebhaber kurzerhand eins über. Wie die Polizei mitteilte, hatte der renitente Rentner zuvor den wählerischen Kunden wiederholt mit seinem Einkaufswagen angestoßen. Darob verständlicherweise ungehalten, hatte der 40-Jährige den älteren Herrn angesprochen – diesem platzte der Kragen, er zückte seine Gehhilfe und schlug dem Kontrahenten nach Polizeiangaben »zünftig auf den Kopf«. Der 40-Jährige wurde leicht verletzt. Für welche Wurstsorte er sich schließlich entschied, blieb unklar.

Eiszeit

Zu einer handfesten Auseinandersetzung kam es in Edenkoben (Rheinland-Pfalz) zwischen zwei Frauen. Eine der beiden hegte den Verdacht, die andere hätte eine heiße Affäre mit ihrem Gatten. Erst wurde heftig diskutiert, dann ging es zur Sache. Die vermeintlich betrogene Ehefrau riss ihre Nebenbuhlerin an den Haaren und versetzte ihr einen Fauststoß gegen den Brustkorb. Die malträtierte Dame suchte daraufhin die Polizei auf und erstattete Strafanzeige. Doch schon kurze Zeit danach entschied sie sich, die Anzeige zurückzuziehen. Die Begründung: Die beiden Frauen hatten sich beim gemeinsamen Eisessen ausgesprochen. »Eiscreme ist schon immer eine naheliegende, aber auch echt leckere Lösung gewesen, um sich abzukühlen«, resümierte die Polizeidirektion Landau. Ob ein klärendes Gespräch mit dem Ehemann dank eines Eisbechers einen ähnlich glücklichen Ausgang genommen hat – wer weiß?

Fahrstunde mit überraschendem Ende

Schneller als gedacht ging im Landkreis Sömmerda (Thüringen) eine Fahrstunde zu Ende. Ein 36-jähriger Führerscheinanwärter war auf der Bundesstraße 4 am Andislebener Kreuz zu schnell unterwegs, woraufhin der Fahrlehrer eingriff und das Fahrzeug abbremste. Anstatt einzusehen, dass Verkehrsregeln auch für ihn gelten, bekam der Fahrschüler einen Wutanfall und steuerte das Auto direkt in eine Leitplanke. Ergebnis: mehrere Tausend Euro Sachschaden. Den Führerschein erhielt der Heißsporn nach dieser Aktion natürlich nicht, stattdessen winkte ihm eine Strafanzeige wegen Gefährdung des Straßenverkehrs, teilten ihm die Beamten der Landespolizeiinspektion Erfurt mit.

Gerangel unter Wartenden

Parkplätze sind Mangelware und deshalb heiß begehrt. So warteten auch in Lörrach (Baden-Württemberg) eine Autofahrerin und ein Autofahrer auf dem Parkplatz des Kreiskrankenhauses ungeduldig auf eine frei werdende Lücke. Als sich endlich eine auftat, wollte jedoch keiner der beiden dem anderen den Vortritt lassen. Der verbale Schlagabtausch wurde zusehends unfreundlicher, der Mann soll die Fahrertür des gegnerischen Autos geöffnet und am Sicherheitsgurt der noch angeschnallten Fahrerin gezogen haben. Der wurde das zu bunt, und sie rief die Polizei, die sich redlich Mühe gab, die erzürnten Gemüter zu beruhigen. Doch wie durch ein Wunder erledigte sich der Streit plötzlich von selbst. Ein weiterer Platz wurde frei, sodass jeder der Streithähne endlich das bekam, was er wollte, und die Ordnungshüter abrücken konnten.

Raue Sitten

Auf einer Baustelle kann es ordentlich zur Sache gehen. Dies musste ein Fliesenlegerlehrling in Sankt Augustin-Niederpleis (Nordrhein-Westfalen) erfahren, der mit einem anderen Handwerker in Konflikt geriet. Der 27-Jährige und sein Kollege waren mit den Fliesenarbeiten in einem Rohbau eines Einfamilienhauses beschäftigt. Da der neue Estrichfußboden noch nicht vollständig getrocknet war, schnitt der Kollege kurzerhand die Folien vor den Fenstern auf, um für eine bessere Durchlüftung zu sorgen. Die Folien hatte jedoch kurz zuvor der Verputzer angebracht, der ebenfalls auf der Baustelle tätig war. Als der bemerkte, dass seine Arbeitsvorbereitungen von den Fliesenlegern »sabotiert« worden waren, geriet er in Rage. Es kam zu einer heftigen Auseinandersetzung, bei der er kurzerhand dem Azubi zwei Finger brach, was wiederum die Polizei des Rhein-Sieg-Kreises auf den Plan rief.

Berauschender Beifang

An einem Novemberabend war's, als die Erlanger Polizei (Bayern) einen Notruf aus einem Mehrfamilienhaus in Beifang bekam. In einem der Obergeschosse waren sich zwei Männer im Alter von 51 und 31 Jahren vor ihren Wohnungen in die Wolle geraten. Erst als die Ordnungshüter die beiden trennten und fesselten, entspannte sich die Lage. Doch dann drang den Beamten ein verdächtiger Geruch in die Nase, der mit Sicherheit jeden Spürhund in helle Aufregung versetzt hätte. Und siehe da, bei der anschließenden Durchsuchung der Wohnung des 51-Jährigen stießen sie auf zwei Tüten mit Marihuana. Und da sie schon dabei waren, nahmen sie auch gleich das Appartement seines Kontrahenten unter die Lupe, wo sie eine Aufzuchtanlage für Cannabispflanzen und eine kleinere Menge psychoaktiver Pilze entdeckten. Womit sich das Sprichwort »Wenn zwei sich streiten, freut sich der Dritte« einmal mehr bewahrheitete.

Zankende Schneekönige

Schon länger schwelte ein Streit unter Nachbarn in einem Ortsteil von Artern (Thüringen). Dieser eskalierte dann an einem Wintermorgen, als ein 56-Jähriger gegen 4.50 Uhr Schnee – und jetzt kommt's – nicht von, sondern auf die Straße schippte, sodass diese blockiert war. Als ihn die Nachbarin auf sein Treiben ansprach, soll der Mann handgreiflich geworden sein und sogar ihren Kopf in die weiße Pracht gedrückt haben. Als daraufhin ein weiterer Anwohner der Frau zu Hilfe eilte, lieferten sich die Männer keine Schneeballschlacht, sondern vielmehr ein heißes Gefecht mit ihren Schneeschaufeln. Noch vor Eintreffen der Polizei war die Auseinandersetzung beendet. Ernsthaft verletzt wurde niemand.

Renitente Rentner

Zu einem heftigen Konflikt zwischen Nachbarn kam es in Bettenhausen (Baden-Württemberg). Stein des Anstoßes war ein laufender Traktormotor, durch den sich ein 77-Jähriger empfindlich gestört fühlte. Er regte sich derart über die Luftverschmutzung auf, dass er seinen 70-jährigen Nachbarn zur Rede stellte. Irgendwann waren der Worte genug gewechselt, und die beiden schritten zur Tat. Dabei gingen die Senioren nicht gerade zimperlich vor. So wurde der 70-Jährige mit einem Spaten am Kopf verletzt, sein 77-jähriger Kontrahent trug Kopfverletzungen durch eine Eisenstange davon. Die Streithammel suchten daraufhin erst einmal ärztliche Hilfe, doch erledigt war die Sache damit noch lange nicht. Der 77-Jährige kontaktierte noch aus dem Klinikum die Polizei, zeitgleich erschien der 70-Jährige auf der Dienststelle in Meiningen, um Anzeige zu erstatten. Zumindest die Behörden waren sich einig: Gegen beide Nachbarn wurde wegen gefährlicher Körperverletzung ermittelt.

Alles Gute kommt von oben

An einem Augustabend beschloss ein 72-jähriger Hausbewohner in der Ortslage von Mehren (Rheinland-Pfalz), sich den Abend mit Leckerem vom Grill zu versüßen, den er vor dem Mehrfamilienhaus aufstellte. Gerade als die Kohle endlich durchgeglüht war und er sein Grillgut auflegen wollte, fühlte sich sein 69-jähriger Nachbar dazu bemüßigt, aus dem oberen Geschoss einen Eimer Wasser auf den Rost zu schütten. Obwohl sich der Schaden in Grenzen hielt, wurde ein Ermittlungsverfahren wegen Sachbeschädigung eingeleitet.

Sprung auf die Motorhaube

Es war schon eine verrückte Geschichte, die sich da im Stadtteil Gröpelingen zutrug und die die Polizei Bremen auf ihrer Facebook-Seite veröffentlichte. Eine 20-Jährige ging kurz vor Mitternacht mit ihrem Hund Gassi. Dabei spazierten sie an einem Auto vorbei, in dem zwei Frauen Anfang und Mitte 30 saßen. Der neugierige Vierbeiner wollte wohl ganz genau wissen, um wen es sich handelte, denn er sprang an dem Wagen hoch, wobei er angeblich Kratzspuren im Lack hinterließ. Das wiederum führte zu einer lautstarken Auseinandersetzung zwischen

Hunde- und Autobesitzerin, die schließlich in eine handfeste Rangelei umschlug. Als die Hundehalterin zu Boden ging, entriss ihr die Kontrahentin das Smartphone, setzte sich zurück ins Auto und wollte davonfahren – was sich als schwieriger erwies als gedacht, denn ihre Gegnerin rappelte sich auf und sprang beherzt auf die Motorhaube. Dessen ungeachtet fuhr die Autofahrerin – wenn auch langsam – weiter, allerdings ausgerechnet in Richtung des Polizeireviers Walle, wo sie von Beamten angehalten wurden. Das Ende der Geschichte: jede Menge blauer Flecken und ein Strafverfahren für alle.

Zechpreller in Höchstform

Probleme hatte eine Kellnerin in einer Bar am Marktplatz in Heidelberg (Baden-Württemberg) mit einem Gast, der weder seine Rechnung in Höhe von knapp zehn Euro begleichen noch das Lokal verlassen wollte. Der hinzugerufenen Polizei erklärte er, dass ihm die Bedienung unsympathisch sei und er deshalb nicht zahlen wolle. Abgesehen von dieser doch sehr faulen Ausrede hatte er auch nicht genügend Geld dabei. Dennoch zeigte er sich nicht bereit, das Feld freiwillig zu räumen. Nachdem mehrere Aufforderungen, die Gaststätte zu verlassen, erfolglos blieben, schoben die Beamten den 39-jährigen Mann schließlich vor die Tür – was der Zechpreller mit lautstarken »verfassungswidrigen Parolen« quittierte. Als ihn die Polizei nach Ausweispapieren durchsuchte, entdeckte sie in seiner Jackentasche eine Tüte mit einem Gramm Marihuana. Genug war genug, der Kneipenbesuch endete für den Störenfried auf dem Revier. Allerdings gab er dort immer noch keine Ruhe. Da er dem Alkohol reichlich zugesprochen hatte und allein nicht mehr stehen konnte, wurde er in eine Zelle verfrachtet. Zwar startete er noch einen kläglichen Versuch, einem Ordnungshüter seine Jacke an den Kopf zu werfen, doch irgendwann siegte die Müdigkeit. Bis zum Morgen schlief er seinen Rausch aus. Die Kosten für die Übernachtung musste er selbst tragen.

Teurer Reiseproviant

Warum sich den Proviant für die Zugfahrt nicht von einem Lieferdienst bringen lassen?, dachten sich ein 23-Jähriger aus Ottobrunn (Bayern) und seine vier Reisebegleiter. Doch da das Essen nicht rechtzeitig ankam, er aber offensichtlich großen Kohldampf schob, blockierte der junge Mann kurzerhand die Tür des ICE und verhinderte so dessen Weiterfahrt in Richtung München. Erst als der Lieferservice den Bahnsteig 4 im Bahnhof Fulda erreichte, gab er die Tür wieder frei. Durch die Aktion konnte der Zug erst mit einer Viertelstunde Verspätung abfahren. Zurück blieben der hungrige Mann und seine Kumpane, die von der Weiterfahrt ausgeschlossen wurden. Stattdessen leitete die Bundespolizeiinspektion Kassel ein Ordnungswidrigkeitsverfahren gegen ihn ein, was ihm vermutlich den Appetit gründlich verdorben haben dürfte.

Sauer wegen Sauerbraten

Einen handfesten Streit über das richtige Zerlegen eines Sauerbratens brachen sieben nicht mehr ganz nüchterne Freunde in Achern (Baden-Württemberg) vom Zaun. Fünf Männer und zwei Frauen im Alter von 29 bis 58 Jahren waren für ein gemeinsames Festmahl zusammengekommen. Als es allerdings ans Tranchieren des Fleisches ging, entzündete sich ein erbitterter Streit um die einzig wahre Art und Weise, das gute Stück fachgerecht zu zerteilen. Nicht nur der Sauerbraten, auch die Emotionen kochten hoch. Die Auseinandersetzung geriet zunehmend außer Kontrolle und eskalierte in Handgreiflichkeiten. Den Angaben der Polizei zufolge mussten drei Streifenwagen zu der Kochrunde geschickt werden. Die Beamten sorgten dafür, dass sich zumindest die beteiligten Hobbyköche wieder abkühlten, und schickten die Gäste nach Hause. Fazit: Sauer macht nicht immer lustig.

Bedächtiger Trinker

Ein Prosit der Gemütlichkeit? Nicht ganz. In Riedlingen (Baden-Württemberg) musste die Exekutive eingreifen, weil sich ein Gast zu lange Zeit ließ, seine Maß zu trinken. Laut Bericht der Ulmer Polizei war der durstige Geselle gegen 2 Uhr in einer Gaststätte aufgetaucht und hatte ein Bier bestellt. Sein Wunsch wurde von der Wirtin erfüllt, verbunden mit dem Hinweis, dass ihm zum Leertrinken nur 30 Minuten bis zur Sperrstunde blieben. Der 32-jährige Mann ließ sich davon nicht aus der Ruhe bringen und widmete sich genüsslich und vor allem sehr gemütlich seiner Maß. Die Zeit schritt unbarmherzig voran, die Wirtin, die Feierabend machen wollte, und der Mann, der sein Glas noch nicht geleert hatte, gerieten in Streit, der schließlich von einer Riedlinger Streife geschlichtet werden musste. Im Polizeibericht hieß es wörtlich: »Im Beisein der Beamten gelang es dem Gast, seine Trinkgeschwindigkeit deutlich zu erhöhen, sodass die Gaststätte mit einer geringen Verzögerung ihre Sperrzeit einhalten konnte.«

Polizeiautos in Gefahr

Was auch immer es war, das den jungen Mann so erbost hatte – es war jedenfalls keine gute Idee, sein Mütchen ausgerechnet vor der Polizeiwache in Minden (Nordrhein-Westfalen) zu kühlen. Dort riss er von zwei Streifenwagen jeweils das vordere und hintere Kennzeichen ab und schmiss die Schilder auf die Straße. Logisch, dass die Ordnungshüter da nicht tatenlos zusahen, weil sie zu Recht um die Unversehrtheit ihrer Dienstfahrzeuge fürchteten. Als die Beamten den Randalierer ansprachen, wollte der 25-Jährige sich immer noch nicht beruhigen und pöbelte stattdessen die Uniformierten an. Die nahmen den Mann in Gewahrsam, bis sich sein Unmut wieder gelegt hatte. Allerdings steht zu befürchten, dass ihn die Strafanzeige wegen Sachbeschädigung ebenfalls kräftig in Wallung gebracht hat.

Voll vernagelt

Das Zusammenleben unter einem Dach ist nicht immer einfach. Doch manchmal nehmen Streitigkeiten unter Hausbewohnern absurde Formen an. So wie in Bad Säckingen (Baden-Württemberg), wo ein Mann ziemlich sauer auf seine Nachbarin war. Seinen Unmut brachte er zum Ausdruck, indem er ihre Wohnungstür mit Brettern zunagelte –

wodurch der Spruch »nicht alle Latten am Zaun haben« eine völlig neue Bedeutung erfuhr. Da diese bauliche Veränderung sowohl unerwünscht als auch unpraktisch war, schritt die Polizei ein, und der 44-Jährige musste die Latten wieder entfernen. Zu seiner Verteidigung gab er an, sich über das Verhalten seiner Nachbarin geärgert zu haben, die ihm die Tür nicht aufgehalten habe und Fenster und Türen des Hauses in einem fort offen stehen lasse. Aber wie wusste schon Wilhelm Busch: »Es kann der Brävste nicht in Frieden leben, wenn es dem bösen Nachbarn nicht gefällt.«

Voll verspult

Ein ganz normaler Zwist unter Paaren? Nicht ganz. Denn dieses Duo in Coburg (Bayern) war sich wegen der Qualität ihres erworbenen Kokains heftig in die Wolle geraten. Die Argumente gingen hin und her, doch die Frau weigerte sich, den Stoff in den Müll zu befördern, wie es der Mann forderte. Da man sich offensichtlich nicht einig wurde, wie mit dem weißen Pulver weiter zu verfahren sei, riefen die beiden ausgerechnet die Polizei, die den Streit schlichten sollte. Was diese auch tat, denn als erste Amtshandlung beschlagnahmte sie die illegalen Drogen, womit sich weitere Diskussionen voll und ganz erübrigten.

Selbstbedienung im ICE

Sich die lange Zugfahrt von Basel nach Berlin versüßen wollte ein Mann im Bordbistro mit dem Genuss alkoholischer Getränke. Ungewöhnlich war jedoch nicht nur, dass es sich bei ihm um einen Bahnmitarbeiter handelte, sondern ausgerechnet um jenen, dessen originäre Aufgabe darin bestand, die Gläser der Gäste zu füllen. Als diese sich über seinen eher fragwürdigen Service beklagten, stellte er die Arbeit komplett ein und bediente sich fortan nur noch selbst. Also schaltete sich der Zugchef ein, der den trinkfreudigen Kellner in Braunschweig des ICE verwies. Dieser wollte der Aufforderung aber nicht nachkommen und wurde zudem noch ziemlich pampig. Erst als die Polizei eintraf, räumte der aggressive Schluckspecht freiwillig das Feld. Sein Abgang blieb auch für die Reisenden nicht ohne Folgen: Das Bordrestaurant wurde nach dem Vorfall geschlossen.

Liebhaber im Schrank

Ein bisschen wie eine Szene aus einer Komödie mutet folgender Fall an, den der *Spiegel* 2018 veröffentlichte und der sich in Bremerhaven (Bremen) abspielte. Die Mitwirkenden: eine 38-jährige Frau, ihr Liebhaber und ihr Lebensgefährte. Letzterer kam unverhofft nach Hause, als ein Schäferstündchen noch voll im Gange war. Um zu verhindern, in flagranti erwischt zu werden, zettelte die Frau geistesgegenwärtig einen lautstarken Streit mit ihrem Partner an, den wiederum der Liebhaber dazu nutzte, sich in einem Schrank zu verstecken. Aufgeschreckt von dem lautstarken Wortwechsel, riefen besorgte Anwohner die Polizei. Bei deren Eintreffen legte das Paar schlagartig Einigkeit an den Tag, sprich der Zorn richtete sich nun gemeinsam gegen die Beamten. Und zwar so heftig, dass beide vorübergehend festgenommen wurden. Doch damit war die Angelegenheit noch nicht beendet, schließlich saß der andere Mann immer noch im jetzt abgeschlossenen Liebesnest fest. In seiner Not musste er wohl ein paar Kumpel verständigt haben. Mit der Folge, dass die Ordnungshüter erneut ausrücken mussten, weil die »guten« Freunde die Tür zur Wohnung auftraten, um den Liebhaber endgültig zu befreien.*

Streit um Fußmatte

Schlicht um eine Fußmatte ging es bei einem Streit zweier Frauen in Erfurt (Thüringen). Eine der Damen klingelte bei ihrer Nachbarin, um ihr mitzuteilen, dass sie ein Paket für sie angenommen hätte. Als diese die Tür öffnete, wurde ihr

* https://www.spiegel.de/panorama/justiz/deutschland-die-kuriosesten-polizeimeldungen-2018-a-1240891.html, zuletzt aufgerufen im April 2023

allerdings kein Päckchen überreicht. Stattdessen bekam sie mit der flachen Hand einen Schlag ins Gesicht versetzt. Was wiederum die Polizei auf den Plan rief. Der gegenüber sagte die vermeintliche Paketbotin später aus, sie sei von ihrer Nachbarin ebenfalls körperlich attackiert worden. Auslöser für den Zwist: eine Fußmatte, für deren Verschwinden sich die Frauen gegenseitig verantwortlich machten. Viel Lärm um nichts, könnte man dazu auch sagen.

Abstruse Verfolgungsjagd

Mit dem Auto auf der A65 Richtung Landau (Rheinland-Pfalz) unterwegs war ein älteres Ehepaar. Als der Wagen hinter den beiden zum Überholvorgang ansetzte, fühlte sich der 75-Jährige bemüßigt, nach links auszuscheren. Der nachfolgende Fahrer musste beherzt auf die Bremse treten, um einen Unfall zu vermeiden. Anstatt die Sache auf sich beruhen zu lassen, setzte nun der ausgebremste Mann sein Auto wiederholt vor und neben das des Ehepaars und versuchte wild gestikulierend, dieses zum Anhalten zu bewegen. Da sein Manöver nicht von Erfolg gekrönt war, folgte der 40-Jährige den beiden älteren Herrschaften und scherte immer wieder links und rechts hinter ihrem Fahrzeug aus.

Kurz vor einer Kreuzung überholte er schließlich und bremste das Auto des Seniors derart stark aus, dass dieses in den Gegenverkehr ausweichen musste, wo es zum Stehen kam. Der 40-Jährige stürmte nun auf das Ehepaar zu, öffnete die Fahrertür und schlug auf den älteren Mann ein, sodass dessen Brille zu Bruch ging. Der Senior wiederum holte kurzerhand einen Schlagstock aus dem Seitenfach der Tür hervor, »baugleich dem ausgemusterten Modell-Hartgummi der Polizei«, und drosch aus dem Auto heraus auf seinen Angreifer ein. Seinem Kontrahenten gelang es, ihm den Knüppel zu entwinden und zurück ins Fahrzeug zu werfen. Jedoch hatte er nicht mit der schlagkräftigen Ehefrau gerechnet, die sich den Stock schnappte und ausstieg, um nun ihrerseits den 40-Jährigen zu vermöbeln. Der konterte, indem er ihr mit der flachen Hand so heftig ins Gesicht schlug, dass sie zu Boden ging und dabei eine stark blutende Platzwunde am Hinterkopf erlitt. Mit dieser letzten Runde war der Kampf zu Ende, die Seniorin wurde von Anwohnern erstversorgt und anschließend vom DRK ins Städtische Krankenhaus gebracht. Wer letztendlich mit der Keilerei angefangen hatte, war vor Ort nicht zu ermitteln, teilte die Polizeidirektion Landau in ihrer Pressemitteilung mit.

Alles für die Katz

Heftige Differenzen führten zu einem handfesten Krach in Ebersbach (Baden-Württemberg). Der Auslöser war laut Polizeipräsidium Ulm des Nachbarn Katze, die es einfach nicht lassen konnte, im Garten des angrenzenden Grundstücks zu buddeln und zu graben. »Die damit verbundenen

Erdaushubarbeiten führten dazu, dass man sich unschöne Worte auf sexueller Basis an den Kopf warf. Schlussendlich flogen noch ein Aschenbecher und eine Gartenlaterne in Richtung des Kontrahenten, glücklicherweise ohne körperlichen Schaden anzurichten«, berichtete die Behörde. Nur die Beamten des Polizeireviers Göppingen waren in der Lage, den »Weltfrieden« wiederherzustellen, denn die Katze hielt sich aus den Streitigkeiten vornehm heraus. Die gegenseitige Beleidigung wurde für beide Parteien zur Anzeige gebracht. Die Einzige, die sich nicht aufgeregt hat, dürfte die Katze gewesen sein.

Turbulente Hochzeit

»Ich will dich lieben, achten und ehren alle Tage meines Lebens, in guten und in schlechten Zeiten …« Als dem Vater und den Geschwistern eines Bräutigams diese Worte eines Standesbeamten in Mannheim (Baden-Württemberg) zu Ohren kamen, schritten sie zur Tat. Offensichtlich waren sie mit der Brautwahl nicht einverstanden. Wie das Polizeipräsidium Mannheim mitteilt, ging bei der folgenden handfesten Auseinandersetzung mit dem Bräutigam ein Teil des Inventars des Trausaals zu Bruch und eine Standesbeamtin wurde leicht verletzt. Nachdem die vier rabiaten Verwandten im Alter von 15 bis 47 Jahren des Saals verwiesen worden waren, konnte die Trauung dennoch erfolgen. Die Hochzeitsfeier in einem Gartenverein fand dann nach

Angaben der Behörden auch noch statt – vermutlich ohne die nächsten Angehörigen des Bräutigams.

KATERSTIMMUNG

Die Katze lässt das Brausen nicht

Wenn es von der Decke tropft, bedeutet das selten etwas Gutes. Deshalb verständigte die Bewohnerin eines Mehrfamilienhauses schleunigst die Polizei Landau (Rheinland-Pfalz), nachdem sie erfolglos versucht hatte, die Nachbarn über ihr auf den misslichen Zustand aufmerksam zu machen. Niemand reagierte auf ihr Klingeln und Klopfen, und es tropfte munter weiter. Den heraneilenden Rettungskräften blieb nichts anders übrig, als die Tür gewaltsam zu öffnen. Doch außer ein paar Katzen hielt sich niemand in der Wohnung auf. Ein Blick ins Badezimmer verriet sogleich, was geschehen war. Offensichtlich hatten die Miezen Katz und Maus gespielt – mit dem Duschkopf. Um die Sache noch etwas unterhaltsamer zu gestalten, hatten sie auch noch den Hahn aufgedreht. Es ist halt nicht jede Katze wasserscheu.

Schwarzfahrer im Streifenwagen

Die wenigsten steigen freiwillig in ein Polizeiauto. Anders eine kleine schwarze Katze, die es sich mitten in der Nacht in Ulmen (Rheinland-Pfalz) ausgerechnet auf dem Rücksitz eines Streifenwagens bequem machte, während die Cochemer Beamten damit beschäftigt waren, einen Streit unter Nachbarn zu schlichten. Anschließend fuhren die Polizisten entlang der Mosel bis in den Hunsrück, ohne den blinden Passagier auf der 70 Kilometer langen Strecke zu bemerken. Allerdings wunderten sie sich irgendwann über den strengen Geruch, der sich mehr und mehr in ihrem Fahrzeug ausbreitete.

Doch die Ursache entdeckten sie erst, als sie wieder bci ihrer Dienststelle angekommen waren. Dort fanden sie nicht nur ihren schlafenden Beifahrer, sondern stellten zudem fest, dass das Kätzchen mangels anderer Alternativen sein großes Geschäft diskret in der Dienstmütze eines Beamten erledigt hatte. »Ob die Miezekatze der vorangegangenen Streitsituation entfliehen oder einfach nur eine Spritztour mit der Polizei machen wollte, konnte ihr nicht entlockt werden«, teilte die Polizei Cochem mit. Wie auch immer, es war an der Zeit, die immer noch selig schlummernde Mieze wieder nach Hause zu bringen. Unterwegs kam es jedoch zu einer weiteren Überraschung, als das nun hellwache Kätzchen urplötzlich auf die Mittelkonsole hüpfte und den beiden Beamten einen gewaltigen Schrecken einjagte. Dieser nächtliche Einsatz dürfte allen Beteiligten in Erinnerung geblieben sein.

Originelle Rettungsaktionen

Es ist eine ganz normale Reaktion: Wer Angst hat, läuft weg und versteckt sich. So auch ein Katzenbaby in Berlin. Passanten hatten zunächst die Polizei informiert, ein Tier läge in einem Parkhaus in Lichtenberg verletzt in einer Ecke. Als sich die Beamten vorsichtig näherten, sauste die Mieze los und kroch blitzschnell unter den Einsatzwagen, um im Radkasten zu verschwinden. Sämtliche Bemühungen, das Tierchen hervorzulocken, scheiterten, die Katze kletterte weiter in den Motorraum und versteckte sich in der Unterbodenwanne. Den Beamten blieb nichts anderes übrig, als den Abschleppdienst zu rufen. Der hob das Fahrzeug an, nahm den Unterboden ab – und das Kätzchen wurde bei einem weiteren Fluchtversuch endlich gefasst.[*]

Auch in Ansbach (Bayern) hatte sich eine Katze ausgerechnet in den Motorraum eines Wagens zurückgezogen. Zunächst hörten die Passanten nur Miauen, wie die Polizei Mittelfranken in einem Tweet mitteilte. Doch dann stellten sie fest, dass die Geräusche aus dem Inneren eines Autos kamen. Die Beamten taten ihr Bestes, um das Tier hervorzulocken, doch nicht einmal der originelle Einsatz von Videos mit miauenden Katzen war von Erfolg gekrönt. Ebenso wenig konnte die Halterin des Fahrzeugs erreicht werden. So leicht gaben sich die Helfer allerdings nicht geschlagen. Mithilfe eines Wagenhebers wurde das Auto auf der linken Seite angehoben, ein Beamter kroch darunter, um das Kätzchen zu befreien. Dieses zog sich daraufhin weiter zurück,

* https://www.berliner-zeitung.de/news/berlin-katze-versteckt-sich-in-polizeiauto-und-wird-gerettet-li.244097, zuletzt aufgerufen im April 2023

und zwar in den Radkasten, also wurde dessen Verkleidung entfernt. Das Tierchen konnte unverletzt befreit werden. Da die kleine Samtpfote keine Ausweispapiere bei sich hatte, wurde sie spontan auf den Namen Ally getauft und mit auf die Dienststelle genommen, wo sie erst mal liebevoll versorgt wurde.

Verlockendes Leckerli

Mit einem kniffligen Fall beschäftigte sich die Feuerwehr Offenburg (Baden-Württemberg), die an einem Samstagmorgen kurz nach 7.30 Uhr zu einer Tierrettung im Stadtteil Albersbösch gerufen wurde. Die Anruferin hatte ihre Katze nach dreitägiger Abwesenheit laut miauen gehört. Der Hilferuf drang aus einem unterirdischen Regenwasserkanal. Allerdings war von dem Tier selbst weit und breit nichts zu sehen. Da halfen weder die Pläne der Kanalaufsicht noch die eingesetzte Rohrkamera. Selbst ein vorsichtiger Spülversuch mit Löschwasser war erfolglos, von der Mieze keine Spur. Doch dann kam der Feuerwehr eine brillante Idee. Sie baute eine hölzerne Rampe an einen Kontrollschacht und legte dort Futter aus. Die Aktion brachte gegen Abend tatsächlich den erwünschten Erfolg. Die Katze entdeckte den eigens für sie gerichteten »Leckerli-Teller« und kehrte von sich aus ans Tageslicht zurück. Die Feuerwehr war mit drei Fahrzeugen und zehn Einsatzkräften knapp vier Stunden beschäftigt gewesen.

Verführerische Garnelen

Mit Speck fängt man Mäuse. Und manchmal mit Garnelen ein Katzenbaby. Ein solches hatte sich zunächst in einen der Radkästen und dann in den Motorraum eines Sattelzugs zurückgezogen, den der Fahrer auf einer Rastanlage an der A5 bei Schallstadt in der Nähe von Freiburg (Baden-Württemberg) abgestellt hatte. Was gutes Zureden nicht vermochte, schafften schließlich verführerische Leckereien, denen auch das Kätzchen nicht widerstehen konnte: Mit köstlichen Garnelen, die ein anderer Lastwagenfahrer spendiert hatte, konnte das Tierchen von der Polizei hervorgelockt werden. Wie lange es schon mit dem Lastwagen unterwegs war, wird wohl auf immer sein kleines Geheimnis bleiben.

Gewusst wie

Der eine oder andere findige Vierbeiner weiß sich selbst zu helfen, wenn er unerwartet festsitzt. So eine Katze in Odelzhausen bei München (Bayern), die von ihrer Besitzerin versehentlich im Firmenwagen eingesperrt wurde. Das Tierchen beschränkte sich jedoch nicht darauf, sich auf herkömmliche Katzenart mit Miauen oder Kratzen Aufmerksamkeit zu verschaffen. Vielmehr betätigte es den auf dem

Armaturenbrett installierten SOS-Knopf, wodurch die Verbindung zum Notruf-Center des Autoherstellers aufgebaut wurde. Da es zunächst keine Erklärung für den Alarm gab, rückte die Polizei Dachau aus, berichtete die *Süddeutsche Zeitung.* Als die Beamten eintrafen, war die Besitzerin der cleveren Katze bereits vor Ort, um ihren pfiffigen Liebling zu befreien.*

Katzenmusik

Die Polizei rückt häufig aus, um für Ruhe zu sorgen. So auch in Iserlohn (Nordrhein-Westfalen), wo sich Anwohner über allzu laute Musik in der Nachbarschaft beschwerten. Was die Lautstärke betraf, hatten sie wahrlich nicht übertrieben, bemerkte die Streife, als sie vor Ort eintraf. Die Basstöne brachten sogar die Wohnungstür zum Vibrieren. Die Beamten klopften, klingelten, doch die Musik dröhnte munter weiter. War am Ende der Bewohnerin etwas zugestoßen? Es half alles nichts, die Polizei musste nach dem Rechten sehen und brach die Tür auf. Außer ein paar Katzen neben einem Laptop, der ohrenbetäubende Musik abspielte, fanden sie niemanden vor. Also wurde die Katzenmusik schleunigst abgestellt und ein Schreiner verständigt, der die Tür reparieren sollte. Zwischenzeit-

---

* https://www.sueddeutsche.de/muenchen/dachau/odelzhausen-eingesperrte-katze-ruft-selbst-hilfe-1.3438279, zuletzt aufgerufen im April 2023

lich war auch das ahnungslose Frauchen der Tiere wieder eingetroffen. Die schwor Stein und Bein, die Musik ganz sicher ausgemacht zu haben, bevor sie die Wohnung verlassen hatte. Auch wenn sie sich noch so unschuldig gaben: Als Täter kamen nur die Stubentiger infrage, die vermutlich über die Tastatur getänzelt waren und so die Endlosschleife angestellt hatten.

Ärger wegen einer Maus

Angefangen hat alles mit einer Maus, die von einer Katze vor einer Wohnungstür in einem Mehrfamilienhaus in Stockstadt am Main (Bayern) abgelegt worden war. Da aber nun mehrere Stubentiger in dem Haus lebten, entbrannte unter den Bewohnern ein derart heftiger Streit darüber, welcher der Mäusefänger die ungebetene Lieferung zu verantworten hatte, dass die Polizei gerufen werden musste. Doch auch die brachte kein Licht ins Dunkel, denn die tatverdächtigen Samtpfoten hielten eisern zusammen und machten keinerlei Angaben zum Tatvorgang. Der Übeltäter kam unerkannt davon. Und was lernen wir daraus? Auch unter Katzen gibt es so etwas wie Ganovenehre.

Ausgetrickst

Eine Katze machte in Frankfurt am Main (Hessen) zwei Trickbetrügern einen Strich durch die Rechnung, und zwar ganz ohne den Einsatz ihrer Krallen. Die Männer hatten sich als Mitarbeiter eines Pflegedienstes ausgegeben, um an die Wertgegenstände einer Seniorin aus dem Stadtteil Nieder-Erlenbach zu kommen. Zwar gab die misstrauische Frau keinerlei Auskunft, wo diese deponiert waren, doch der eigentliche Grund dafür, dass die Kriminellen schon nach wenigen Minuten und unverrichteter Dinge die Flucht ergriffen, war ein völlig anderer: Einer der Täter litt unter einer Katzenhaarallergie und hatte es offensichtlich nicht länger in einem Raum mit dem Stubentiger der Seniorin ausgehalten, wie die Frankfurter Polizei berichtete.

In die Röhre gucken

Anwohner hatten in Enkenbach-Alsenborn (Rheinland-Pfalz) die Polizei gerufen, weil in einer benachbarten Dachgeschosswohnung der Fernseher lief – was insofern mehr als merkwürdig erschien, als deren Mieterin auf Reisen war. Als die Beamten eintrafen und mit einem Zweitschlüssel die Tür öffneten, entdeckten sie eine Katze. Offensichtlich hatte diese es sich auf der Fernbedienung bequem gemacht und so das Gerät angeschaltet, teilte das Polizeipräsidium Westpfalz mit. Ob *Die Sendung mit der Maus* lief, ist nicht bekannt.

In Kaiserslautern versüßten sich wiederum zwei Katzen den Sonntagabend mit Fernsehschauen, wie die Polizei Rheinland-Pfalz bekannt gab. Und zwar so laut, dass ein Nachbar die Beamten rief. Er gab an, zudem ein lautes Poltern vernommen zu haben, obwohl die Bewohnerin überhaupt nicht zu Hause wäre. Die erste Tatortbegehung, die dank eines Zweitschlüssels möglich war, ergab folgendes Bild: zwei Miezen, ein heruntergefallener Blumentopf und ein laufender Fernseher. Die Beweislast war erdrückend, die tierischen Ruhestörer konnten eindeutig überführt werden.

Einbrecher auf Samtpfoten

Weil es an ihrer Wohnungstür rumpelte und sie Einbrecher vermutete, rief eine Bewohnerin eines Mehrfamilienhauses in Schwerin (Mecklenburg-Vorpommern) die Polizei. Die Beamten eilten zum Tatort und spürten die Tatverdächtige auf. Es handelte sich um eine im Haus lebende Katze, die sich schlicht in der Etage geirrt hatte, denn eigentlich wohnte sie ein Stockwerk höher. Weshalb die Mieze ziemlich frustriert war, dass sie die Tür partout nicht öffnen konnte, obwohl das sonst doch immer einwandfrei funktionierte. Das Tier wurde über seinen Irrtum aufgeklärt, und die Beamten schlossen ihre Mitteilung mit den Worten: »Auf ein Ermittlungsverfahren gegen die leicht verwirrte Samtpfote wurde verzichtet, ob sie einen ›Kater‹ hatte, bleibt ungeklärt.«

Zwei ungleiche Kampfhähne

Zu einer Auseinandersetzung der etwas anderen Art kam es auf dem Parkplatz eines Familienbades in Rastatt (Baden-Württemberg). Eine Katze und eine Schlange gerieten sich derart lautstark in die Wolle, dass besorgte Anwohner den Notruf wählten. Doch die beiden Kampfhähne ließen sich von der Polizei nicht beeindrucken. So verpasste der Vierbeiner dem Reptil noch ein paar beherzte Tatzenhiebe gegen den Kopf, um seine Überlegenheit zu demonstrieren, bevor er das Weite suchte. Die Schlange, vermutlich eine Ringelnatter, sah sich unverhofft ihres Sparring-Partners beraubt und ging dazu über, die schlichtenden Ordnungshüter zu attackieren. Ihre Bisse unter der Gürtellinie konnten abgewehrt werden, das Tier gab auf und verschwand ebenfalls im Dickicht.

Freiheitsberaubung durch Katze

Versehen oder Schabernack? Ein Stubentiger sperrte seine Besitzerin in Lörrach (Baden-Württemberg) mitten in der Nacht aus. Wie die Polizei mitteilte, war die Frau zum Rauchen auf den Balkon gegangen. Die Katze, möglicherweise militante Nichtraucherin, sprang daraufhin gegen die Klinke der Balkontür, woraufhin diese zuschnappte. Da die Frau verständlicherweise die Nacht nicht im Freien verbringen wollte und ihre Wohnung im dritten Stock lag, rief sie mit dem Handy die Polizei an. Die Beamten warfen ihr von unten einen Schlagstock zu, mit dem sie die Tür schließlich öffnen konnte. Ob die Freiheitsberaubung durch die Katze zur Anzeige gelangte, ist nicht bekannt.

Garfield steckt fest

Ein paar Kilogramm zu viel auf den Rippen hatte eine Katze, die sich zwischen den Fahrbahnplatten eines Bahnüberganges eingeklemmt hatte. Passantinnen entdeckten das hilflose Tier in Kapellen (Nordrhein-Westfalen) und verständigten die Grevenbroicher Feuerwehr. Als die Helfer wenig später eintrafen, steckte die übergewichtige Mieze zur Hälfte unter einer der Bodenplatten an den Gleisen fest. Zunächst versuchten die Rettungskräfte, die auf einer massiven Unterkonstruktion befestigten Platten anzuheben, leider ohne Erfolg. Da zu Recht befürchtet wurde, die Katze könnte unter die Räder kommen, räumten die Helfer einen Teil des Schotters unter dem Vierbeiner von Hand beiseite und zogen ihn unter den Platten hervor. Das Dickerchen, das die Aufregung verursacht hatte, ließ sich in aller Ruhe befreien und anschließend brav in eine Transportbox heben. »Garfield«, wie es von seinen Rettern aus gutem Grund getauft wurde, landete zunächst für eine Kontrolluntersuchung beim Tierarzt, der zum Glück keine gravierenden Verletzungen feststellte. Da sich auch keine Kennzeichnung fand, die auf den Besitzer hätte schließen lassen, durfte Garfield in ärztlicher Obhut verbleiben. Dort meldete sich wenig später sein Frauchen, die das Tier kurz darauf abholte. Bleibt die Frage, ob Garfield nach diesem Vorfall auf Diät gesetzt wurde.

Auch in Ihringen (Baden-Württemberg) hielt eine Mieze Einsatzkräfte auf Trab. Nachdem ein Notruf eingegangen war, dass eine Katze in der Regenrinne eines dreistöckigen Hauses feststecke, wurde wenig später die Straße gesperrt. Die Feuerwehr rückte mit Blaulicht, drei Fahrzeugen, einem Leiterwagen und 17 Mann aus. Leider war dem Tierchen nicht klar, dass der ganze Aufwand nur zu seinem Besten erfolgte, denn als die Retter zur Tat schreiten wollten, rutschte es vor lauter Aufregung in das Ablaufrohr der Regenrinne und blieb dort stecken. Kurzerhand schraubten die Helfer das Blechrohr ab, befreiten das Kätzchen aus seiner prekären Lage und übergaben es seiner erleichterten Besitzerin.

Ein kühner Satz

Mehr Glück als Verstand hatte eine zehn Monate alte Katze, die mit ihrer Familie im vierten Stockwerk eines Mehrfamilienhauses am Münchner Marienplatz (Bayern) lebte. Während ihre Eigentümer die Wohnung lüfteten, sprang sie plötzlich aus dem offenen Fenster. Der kühne Satz endete auf dem Balkon einer Praxis im zweiten Obergeschoss. Dumm nur, dass diese geschlossen und der Inhaber nicht zu erreichen war. Sprich, die Katze saß auf dem Freisitz fest. Ihren Besitzern blieb nichts anderes übrig, als die Feuerwehr zu verständigen. Daraufhin folgte eine filmreife Rettungsaktion, begleitet von großem Publikum. Die Feuerwehrleute nebst dem Katzenhalter fuhren zunächst mit der Drehleiter nach oben. Dort angelangt, stellten sie jedoch fest, dass ein Taubengitter den Weg auf den Balkon versperrte. Also wurde flugs ein Loch hineingeschnitten, ein Feuerwehrmann kroch hindurch und setzte das wagemutige Kätzchen in den Drehkorb. Zum Glück war dem nichts passiert und die Wiedersehensfreude in luftiger Höhe entsprechend groß. Die wurde auch von den unzähligen Zuschauern am Boden geteilt, die den Einsatzkräften für ihre Rettungsaktion tosenden Applaus spendeten.

Allerdings verlaufen solche Rettungsaktionen nicht immer nach Plan: So wollte ein Polizist im New Yorker Stadtteil Queens einer Katze zu Hilfe eilen, doch geriet selbst in Schwierigkeiten, wie *RP online* berichtete: Die Feuerwehr erhielt einen Notruf folgenden Inhalts: Ein Mann, der eine Katze von einem Baum habe retten wollen, säße jetzt ebenfalls dort fest. Mit einer Drehleiter habe man schließlich den Zwei- und den Vierbeiner unversehrt geborgen, teilten die Einsatzkräfte mit. Fragt sich nur, wer am Ende erleichterter war, wieder sicheren Boden unter den Füßen zu spüren.[*]

Eindringling in Katzenpelz

»Einbrecher in einer Tankstelle in Bad Berka«, lautete die Meldung, die die Polizei in Weimar (Thüringen) aufschreckte. Mehrere Einsatzkräfte rückten sofort aus, um der Sache auf den Grund zu gehen, und ließen das Gebäude von einem Verantwortlichen öffnen. Drinnen konnte die Täterin gestellt werden: Eine Katze hatte den Alarm ausgelöst. Ob sie sich vor Ladenschluss auf leisen Pfoten in die Tankstelle geschlichen oder sich anschließend klammheimlich Zugang verschafft hatte, darüber schwieg sie sich aus. Nachdem die Lage geklärt war, durfte sie den Tatort verlassen.

* https://rp-online.de/panorama/ausland/feuerwehr-muss-polizisten-von-baum-retten_aid-15598719, zuletzt aufgerufen im April 2023

Mieze morst SOS

Ein SOS-Morsesignal, das mithilfe einer Lampe aus einem Fenster in der Innenstadt gesendet wurde, rief die Wilhelmshavener Polizei (Niedersachsen) auf den Plan. Als die Beamten eintrafen, konnten sie mit eigenen Augen die Lichtimpulse sehen. Eilends wurde die Wohnung ausfindig gemacht, aus der der Notruf kam. Dort wurden die Polizisten von einer verdutzten Frau empfangen, der es offensichtlich blendend ging und die sich die Sache beim besten Willen nicht erklären konnte. Wer also hatte um Hilfe gerufen? Als die Einsatzkräfte die Wohnräume unter die Lupe nahmen, stellten sie fest, dass eine Campingleuchte auf der Fensterbank das Signal aussandte. Aktiviert worden war sie von der Katze der Frau. Nachdem sich die Beamten davon überzeugt hatten, dass der Stubentiger ebenfalls wohlauf war, rückten sie wieder ab.

Es war der Kater, nicht der Vater

Folgende humorvolle Pressemitteilung wurde von der Polizei Aachen (Nordrhein-Westfalen) auf ihrer Facebook-Seite veröffentlicht: »Notruf einer sehr aufgeregten jungen Frau in Alsdorf: Ihr Vater sei aus dem Fenster im zweiten Stock auf ein Vordach gefallen. Er soll sich aber noch bewegen und ansprechbar sein.« Daraufhin setzten sich Polizei und Feuerwehr mit Rettungswagen in Bewegung. Zehn Minuten später erschien das Abschlussprotokoll des Einsatzes: »Es war nicht der Vater, es war der Kater! PS: Dem Kater geht es übrigens gut.« Wenn das mal kein Happy End für alle Beteiligten war.

Diebischer Stubentiger

Aufgeregt meldete sich ein Mann bei der Polizeiinspektion Anklam (Mecklenburg-Vorpommern), weil ihm sein Geldbeutel aus der Wohnung gestohlen worden war. Darin befanden sich immerhin fast 2.000 Euro Bargeld. Beamte des Reviers Ueckermünde nahmen den Tatort unter die Lupe. Kurz darauf konnten sie Entwarnung geben. Der Geldbeutel lag im Schlafzimmer unter dem Bett. Deponiert worden war er dort von einer im selben Haushalt lebenden Katze. Wozu diese die Beute verwenden wollte, konnte nicht in Erfahrung gebracht werden.

Spion im Katzenfutter

Big Brother ist überall. Inzwischen sogar im Katzenfutter. Stichwort: smarter Futterautomat. Das Werbeversprechen für den High-Tech-Katzentraum klingt auch zu verführerisch: Der tierische Mitbewohner müsse nie mehr hungern, wenn es bei Herrchen/Frauchen mal etwas länger dauert. Die Fütterungszeiten könnten vorab eingestellt werden, die Anzahl der Portionen sei programmierbar. Und man behalte seine Fellnasen sogar stets im Blick – die eingebaute Kamera macht's möglich. Mit der geeigneten Smartphone-App kann jeder Katzenfreund per HD-Videoaufzeichnung und Stimmübertragung der Mieze beim Futtern zugucken. Sogar an eine integrierte Nachtsichtfunktion wurde gedacht, falls der Stubentiger sich mal mitten in der Nacht den Bauch vollschlägt.

Solch ein hoher Anwendungskomfort kann auch unangenehme Folgen nach sich ziehen, wie eine Polizeimeldung aus Gelsenkirchen (Nordrhein-Westfalen) beweist. Eine 23-jährige Frau hatte im Herbst 2022 gegen Mitternacht die Beamten gerufen und eine Strafanzeige wegen Verletzung der Vertraulichkeit des Wortes gestellt. Sie sagte aus, dass ein unbekannter Tatverdächtiger Ton- und Videoaufnahmen aus ihrer Privatwohnung gefertigt und sie teilweise in einem sozialen Netzwerk veröffentlicht habe. Zudem habe der Unbekannte angekündigt, noch weitere Aufnahmen online stellen zu wollen – allesamt vom Futterautomat aufgezeichnet.

Wie bei allen vermeintlich smarten Geräten, die ans häusliche WLAN-Netz angeschlossen sind, sollte man auch bei der Wahl des hochmodernen Futterspenders die nötige Vorsicht walten lassen. Damit digitale Eindringlinge nicht dem Vierbeiner beim Fressen und darüber hinaus dem Halter über die Schulter schauen können, empfiehlt die Polizei, so die Pressemitteilung, private WLAN-Netze vor unerlaubten Zugriffen zu schützen. Zudem sollten Geräte, die über einen solchen Zugang sowie über eine Kamera und/oder ein Mikrofon verfügen, nicht im Sicht- und Hörbereich genutzt werden, sofern die Privatsphäre betroffen ist. Ob der Katze in Gelsenkirchen bei der permanenten Rundumüberwachung der Appetit womöglich vergangen ist, wurde nicht überliefert.

Die Berliner Polizei jedenfalls hatte im Sommer 2022 aus Sorge vor Spionage vorsorglich ein internes Rundschreiben veröffentlicht, das ein »Verbot« von Fahrzeugen der Marke Tesla auf bestimmten Grundstücken der Polizei aussprach. Diese sind mit einer Vielzahl von Kameras ausgerüstet, die eine 360-Grad-Rundumüberwachung der Umgebung ermöglichen und deshalb sensible Bereiche der Staatsgewalt ausspionieren könnten. Ein generelles Einfahrverbot solcher Fahrzeuge wurde zwar später zurückgenommen, die Behörde wies aber darauf hin, dass auch weiterhin Ton- und Bildaufnahmen in allen Sicherheitsbereichen der Polizei grundsätzlich untersagt sind – auch aus Autos heraus.

KLEINE STROLCHE

Schaukeln will gelernt sein

Zu einem kuriosen Einsatz kam es auf einem Spielplatz in Bellheim (Rheinland-Pfalz). Zwei Jungen im Alter von 12 und 13 Jahren hatten eine Schaukel in Beschlag genommen – allerdings eine, die für Kleinkinder vorgesehen war. Zwar hatten sie sich erfolgreich hineingezwängt, das Absitzen gestaltete sich indes schwieriger als gedacht. Der 13-Jährige steckte fest und kam auch mithilfe seines Freunds nicht mehr aus der Schaukel heraus. Erst die alarmierte Polizei konnte den jungen Mann mit vereinten Kräften befreien. Er blieb unverletzt und versprach, künftig nur noch altersgerechte Spielgeräte zu benutzen, wie die Polizei Landau in ihrem Bericht festhielt. Manche werden aus Schaden eben doch noch klug.

Süße Träume

Allzu süß geträumt hatte wohl ein achtjähriges Mädchen. Um 7.20 Uhr, immer noch im Schlafanzug, betrat es einen Laden, um ihren Wunsch vom persönlichen Schlaraffenland wahrzumachen. So deckte sich die Kleine großzügig mit Süßigkeiten ein, wie die Polizei Stuttgart (Baden-Württemberg) auf Twitter mitteilte. Doch Träume sind bekanntermaßen Schäume: Das Kind, dem das Konzept von Einkaufen und Bezahlen offensichtlich nicht vertraut war, musste seine Beute schweren Herzens wieder herausrücken.

Kopfüber in der Klemme

Die Kleinen kommen auf die verrücktesten Ideen. So ein Zweijähriger, der sich in einem unbedachten Moment einen Kindertoilettenaufsatz aus Plastik über den Kopf zog. Pech für ihn: Das Teil ließ sich einfach nicht mehr abnehmen. Also schnappte Mama ihren experimentierfreudigen Sprössling und fuhr mit ihm zur Polizeiinspektion Ingelheim (Rheinland-Pfalz). Um den Knirps nicht noch mehr zu verängstigen, verzichteten die Beamten darauf, einen Befreiungsversuch zu wagen, und riefen die Feuerwehr zu Hilfe. Während der Zweijährige erfolgreich mithilfe von altersgerechtem Fernsehprogramm abgelenkt wurde, schnitten die Einsatzkräfte den Sitz fachmännisch auf und befreiten das Kind von seinem lästigen Anhängsel. Als Entschädigung für den Schrecken durfte der Kleine sich anschließend das Feuerwehrauto anschauen.

Der Bildung beraubt

Brückentage sind eine feine Sache – immer vorausgesetzt, man vergisst sie nicht. Dies passierte einer Mutter, die ihren achtjährigen Sohn am Tag vor dem 3. Oktober, dem Tag der Deutschen Einheit, gegen 7:45 Uhr vor seiner Schule in Bruchsal (Baden-Württemberg) absetzte, damit er vermeintlich pünktlich den Unterricht besuchen konnte. Der Knabe stand vor verschlossenen Türen und wunderte sich, dass weder Lehrer noch Mitschüler auftauchten. Offenbar hatten sowohl die Mutter als auch der Sohn nicht an den zusätzlichen schulfreien Tag gedacht, wie die Polizei Karlsruhe auf ihrer Facebook-Seite mitteilte. Eine Streife sammelte den Achtjährigen schließlich ein und lieferte ihn bei seiner Oma ab.

Sehnsucht nach dem Kindergarten

Unerwarteten Besuch bekam eine Frau aus Weil am Rhein (Baden-Württemberg) an einem Sonntagmorgen kurz nach 7 Uhr. Als sie die Tür öffnete, stand ihr ein vierjähriger Junge mit seinem Kuscheltier gegenüber. Allerdings wollte er ihr weder verraten, wie er hieß, noch hereinkommen. Da die Frau nicht gedachte, ihn einfach seinem Schicksal zu überlassen, rief sie die Polizei. Noch ehe eine Streife bei ihr eintraf, hatte die Mutter des unbekannten Knirpses wiederum die Behörden informiert, dass ihr Sohn unbemerkt das Haus verlassen habe. Und das aus gutem Grund, wie er fand. Bei der darauffolgenden Familienzusammenführung offenbarte sich das Motiv des Kleinen. Auch an diesem Wochenendtag wollte er in den Kindergarten, wo es ihm ausnehmend gut gefiel. Zu diesem Zweck hatte er sich seine Gummistiefel angezogen, sein Laufrad geschnappt und sich allein auf den Weg gemacht. Doch dann stand er vor verschlossenen Türen. Anstatt unverrichteter Dinge den Heimweg anzutreten, klingelte er daraufhin bei der Dame, warum auch immer. Als Trostpflaster für den entgangenen Tag im Kindergarten lud die Polizei den Jungen zu einer Fahrt im Streifenwagen ein, um ihn nach Hause zu chauffieren.

Wenn Not am Mann ist

Wenige Berührungsängste mit der Polizei hatte ein sechsjähriger Junge aus Karlsruhe (Baden-Württemberg), der in großer Not die 110 wählte. Dem diensthabenden Beamten teilte das Kind mit, dass ihm etwas gestohlen worden sei. Die Ordnungshüter handelten sofort und entsandten eine Streife an den Tatort. Als die Beamten am Wohnort des Kleinen ankamen, trafen sie zunächst auf dessen ahnungslose Mutter. Bei den umgehend eingeleiteten Ermittlungen stellte sich heraus, dass dem untröstlichen Knaben seine heißgeliebte Kuscheldecke geklaut worden sei, wie er selbst mit Tränen in den Augen schilderte. Gemeinsam mit den Eltern fand man schließlich eine Lösung: Eine neue Kuscheldecke musste her! »Sichtlich zufrieden über die erfahrene Hilfe durch die Polizei verabschiedete sich der Junge von den Beamten und die Einsatzmaßnahmen konnten erfolgreich beendet werden«, wie es im Bericht abschließend heißt.

Hilfe, die Pizza brennt!

Um Hilfe bat ein 14-Jähriger aus Wermingsen auf der Polizeiwache Iserlohn (Nordrhein-Westfalen). Er habe eine Pizza in den Ofen geschoben, sich dann aber versehentlich ausgesperrt, teilte er den Beamten mit. Da er seine abwesenden Eltern telefonisch nicht erreichen konnte und große Angst hatte, die Wohnung könnte aufgrund seines Missgeschicks abbrennen, blieb ihm in seiner Not nichts anderes übrig, als die Behörden zu informieren. Die konnten seine Sorgen nachvollziehen und informierten schleunigst die Feuerwehr, die über die Terrassentür in die Küche gelangte. Die Einsatzkräfte konnten rasch Entwarnung geben: Außer einer verbrannten Pizza gab es keinen weiteren Schaden zu beklagen.

Enthusiastischer Monsterkiller

Wenn Schreie aus der Nachbarwohnung dringen, hat das meistens nichts Gutes zu bedeuten. Das dachte sich auch der Bewohner eines Mehrfamilienhauses in Mutterstadt (Rheinland-Pfalz) und verständigte schleunigst die Polizei. Ein Fall von häuslicher Gewalt? Großer Irrtum. Vielmehr hatte sich der 13-jährige Sohn der Nachbarin von seinem Computerspiel derart mitreißen lassen, dass er über jedes eliminierte Monster lautstark triumphierte. Nach einer Ermahnung seitens der Beamten durfte er fortfahren, seine fiktive Welt von Ungeheuern und Bösewichten zu befreien – wenn auch weniger geräuschvoll, wie die Polizeidirektion Ludwigshafen in ihrem Bericht festhielt.

Racheenkel

Als Opa hat man es auch nicht immer leicht. Vor allem, wenn man mit Zwillingen gesegnet ist. So war ein Mann mit seinen dreijährigen Enkeln in Darmstadt (Hessen) unterwegs, als einer der Jungen spontan beschloss, den Ausflug auf eigene Faust fortzuführen. Der Großvater ließ dessen Brüderchen kurzerhand in einem Café kurz alleine, um den Ausreißer wieder einzufangen. Über diese Lösung des Problems war nun aber der zurückgelassene Kleine so gar nicht begeistert. Mehr noch: Als der Opa mit dem ausgebüxten Enkel zurückkam, behauptete er standhaft, »den alten Mann nicht zu kennen«, woraufhin sich ein besorgter Zeuge an die Polizei wandte. Die konnte die verwandtschaftlichen Beziehungen schließlich zur Zufriedenheit aller Beteiligten klären, der vermeintliche Entführungsfall war gelöst.

Ein Fall von Spielsucht

Ordentlich auf Trab gehalten wurden die Behörden von einem jungen Geschwisterpaar in Gressenich (Nordrhein-Westfalen), das sonntagmorgens allein auf der Straße unterwegs war. Als Erstes fielen die Fünf- und der Dreijährige nebst deren Hund einem Busfahrer auf, dem das Mädchen fröhlich zuwinkte. Der Mann hielt an, aber da er sich von Dienst wegen um die Kinder nicht kümmern konnte, verständigte er die Polizei. Zwei Beamte rückten aus und gaben sich redlich Mühe, den beiden zu entlocken, wo sie denn wohnten. Nach einigem Hin und Her bot sich die Fünfjährige an, ihnen den Weg dorthin zu zeigen. Gesagt, getan: Mit dem Streifenwagen fuhr die bunt zusammengewürfelte Gruppe über die Vororte nach Stolberg-Münsterbusch. Dort schloss sich ein längerer Fußmarsch an. Unter dem Kommando des Schwesterchens endete dieser bei ihrer Tante. Aus gutem Grund, wie die Beamten erfuhren. Denn dort lebte auch der gleichaltrige Cousin der beiden – und der besaß eine wesentlich umfangreichere Spielesammlung als die ausgebüxten Geschwister. Nachdem das Motiv für die Exkursion endlich bekannt war, verständigten die Polizisten Mutter und Oma der Kinder. Ihr Zuhause lag übrigens gerade einmal 200 Meter von jener Stelle entfernt, an dem die Beamten die Kinder aufgelesen hatten. Was die lieben Kleinen natürlich wohlweislich verschwiegen hatten. Wann hat man schließlich schon mal die Gelegenheit, von der Polizei zum Spielen eskortiert zu werden?

Behördliche Nachhilfe

Der Anruf eines völlig aufgelösten Zwölfjährigen ging bei der Polizei in Bühl (Baden-Württemberg) ein. Noch bevor er seine Nöte schildern konnte, brach die Verbindung ab. Da nicht auszuschließen war, dass sich der Junge in einer

Notlage befand, suchte eine Streifenbesatzung wenig später dessen Wohnung auf. Dort erfuhren sie, dass der Junge derart hoffnungslos mit seinen Hausaufgaben überfordert war, dass er keinen anderen Ausweg mehr gefunden hatte, als Alarm zu schlagen. Ob die Ordnungshüter bei der Bearbeitung der Schularbeiten helfen konnten, ist nicht bekannt.

Um Probleme bei den Schularbeiten ging es auch bei einem neunjährigen Mädchen aus Kaiserslautern (Rheinland-Pfalz), wie sich beim Eintreffen der heraneilenden Beamten herausstellte. Zuvor hatte die Kleine derart laut geschrien und getobt, dass ein besorgter Anwohner die Ordnungshüter informierte. Allerdings handelte es sich nicht, wie zunächst befürchtet, um einen Akt der körperlichen Gewalt. Stattdessen fanden die Einsatzkräfte ein völlig aufgelöstes Kind und einen vermutlich nicht minder aufgelösten Erziehungsberechtigten vor, wie das Polizeipräsidium Westpfalz mitteilte.

»Hilfe, meine Mutter schlägt mich wegen Hausaufgaben mehrmals« und »SOS« nebst Name und Adresse – der Zettel, der von einem Passanten mitten auf einem Gehweg in Darmstadt (Hessen) gefunden wurde, war eindeutig von einem verzweifelten Kind geschrieben worden und ließ Schlimmes ahnen. Vor Ort fand die Polizei heraus, dass die Nachricht von einem Zehnjährigen verfasst worden war, der sich wenige Stunden zuvor mit seiner Mutter wegen der Hausarbeiten in die Wolle bekommen hatte. Als sie ihm androhte, ein Computerverbot auszusprechen, hing der Haussegen endgültig schief. Vor lauter Frust über die erzieherische Maßnahme habe er den Zettel geschrieben, gestand er den Beamten. Auch die Behauptung, er sei geschlagen worden, zog er zurück. Ob das Computerverbot nach dieser Aktion aufgehoben wurde, darf bezweifelt werden.

Früh übt sich

Seine erste Autofahrt unternahm ein Junge in Böblingen (Baden-Württemberg) im zarten Alter von zwei Jahren. Laut Polizei saß der Knirps zunächst auf dem Beifahrersitz. Während sich seine Mutter auf dem Parkplatz eines Schnellrestaurants noch unterhielt, vertrieb er sich die Zeit, indem er mit dem im Zündschloss steckenden Autoschlüssel spielte. Dabei schaffte er es, den Wagen zu starten. Der setzte sich auch prompt in Bewegung und kollidierte mit einem kleinen Baum sowie mit einem anderen Wagen. Die Jungfernfahrt endete für alle Beteiligten glücklicherweise ohne Verletzungen, aber mit einem Sachschaden von rund 6.000 Euro.

Auch zwei neun und vier Jahre alte Brüder aus Frankfurt am Main (Hessen) unternahmen eine Spritztour mit dem Auto von Papa, und zwar in Richtung Spielplatz. Die Fahrt ging indes schneller zu Ende als gedacht, denn nach 50 Metern krachten sie auf ein geparktes Fahrzeug. Bilanz: mehrere Tausend Euro Sachschaden und vermutlich eine ordentliche Standpauke.

Elterliche Isolationshaft

Kind drin, Mutter draußen. So stellte sich die Situation für die Polizei in Großbottwar (Baden-Württemberg) auf einem Parkplatz dar. Denn nachdem die Mama ihre Einkäufe eingeladen und die Heckklappe ihres Fahrzeugs geschlossen hatte, musste sie feststellen, dass sie von ihrem einjährigen Sohn ausgesperrt worden war. Der Kleine hatte beim Spielen mit dem Autoschlüssel versehentlich die Zentralverriegelung betätigt. Die erwies sich als ausgesprochen hartnäckig, denn auch der hinzugezogene Notdienst konnte den Wagen nicht öffnen. Also schlug ein Beamter das Seitenfenster ein und kletterte ins Fahrzeug. Der Junge indes ließ sich von dem Autoknacker in Uniform nicht aus der Ruhe bringen und schlief selig weiter. Nachdem die Scheibe provisorisch mit Klebeband verschlossen worden war, konnte die Mutter mit ihrem Sprössling den Heimweg antreten.

Schlechter Scherz

Fünf Kinder haben mehrere Polizisten in Chemnitz über eine Stunde lang in Atem gehalten, wie die Polizei Sachsen auf ihrer Facebook-Seite mitteilte. Auf die Minderjährigen am *Vita Center* im Stadtteil Morgenleite sei geschossen worden, informierte eine der Mütter die Behörden. Eine

Beschreibung des Schützen wurde gleich mitgeliefert: ein Mann, etwa 1,80 Meter groß, maskiert, komplett schwarz gekleidet und mit einer Pistole in der Hand. Drei Streifenwagenbesatzungen machten sich auf den Weg zum Tatort. Von einem vermummten Schützen war jedoch weit und breit nichts zu sehen. Als Nächstes untersuchten die Beamten die Stelle, von der aus die Schüsse gefallen sein sollen. Das Merkwürdige: Im Schnee ließen sich keine entsprechenden Fußspuren entdecken. Zu Recht stutzig geworden, fühlten die Beamten den Kindern noch einmal auf den Zahn. Schlussendlich gaben diese zu, dass alles nur ein »Joke« war. Allerdings einer, über den die Polizei so gar nicht lachen konnte.

Gewinn auf dem Revier

Als treffsicher erwies sich ein 14-Jähriger am Schießstand auf dem Festgelände in Marktheidenfeld (Bayern). Der Preis, den er dafür erhielt, war eine täuschend echt aussehende, verpackte Spielzeugpistole. Zwar gab ihm der Mitarbeiter an der Schießbude noch den wohlgemeinten Rat, seinen Gewinn erst daheim auszupacken, doch der Teenager konnte es nicht erwarten und nahm die Waffe in die Hand – womit er prompt die Aufmerksamkeit der Streife erregte, die auf dem Areal ihren Dienst versah. Die Beamten fackelten nicht lang und stellten das Spielzeug sicher. Da Polizisten aber nun auf Verbrecherjagd mit Plastikpistolen herzlich wenig anfangen können, durfte sich der Junge seinen Gewinn später auf dem Revier abholen.

Erpressung der anderen Art

Ganz klar, ein Fall für die Polizei. Zumindest befürchtete das der Bewohner eines Mehrfamilienhauses in Stuttgart-Ost (Baden-Württemberg), als er im Treppenhaus zufällig eine äußerst dubiose Unterhaltung aufschnappte, die aus einer Wohnung drang. Eine Frau sollte wegen einer »Fremdgeh-Geschichte« erpresst werden. Als die Ordnungshüter der Sache auf den Grund gingen, öffneten ihnen zwei mehr als verdutzte 14 und 16 Jahre alte Schwestern die Tür. Sie hatten eine Polizeisendung im Reality-Format angeschaut, in der es um besagte Straftat ging, und dabei den Ton wohl etwas zu laut gestellt. Die Schauspieler, die die Szene nachstellten, verstehen offensichtlich ihr Handwerk bestens, sonst wäre es wohl kaum zu diesem Irrtum gekommen.

Kreative Schulschwänzer

Manche Schüler legen beachtliche Kreativität an den Tag, wenn es ums Schwänzen geht. So auch zwei 17- und 18-Jährige in Rinteln (Niedersachsen), die ihrem Klassenlehrer ärztlich ausgestellte Unterrichtsbefreiungen präsentierten. Doch der erfahrene Pädagoge roch den Braten und wandte sich an besagte Praxis, um herauszufinden, ob denn alles seine Richtigkeit habe. Mitnichten, wie sich zeigte. Der Arzt, der angeblich die Bescheinigung unterschrieben hatte, befand sich seit fast einem Jahr im Ruhestand.

Auf eine ähnlich wenig durchdachte Finte kam auch eine 25-Jährige aus der Gegend von Northeim (Niedersachsen). Um dem Unterricht fernbleiben zu können, ließ sie ihrer Berufsschule ein Attest zukommen, das aussagte, dass sie für eine Woche in einer Klinik in Bad Gandersheim stationär aufgenommen werde würde. Allerdings deckten die erstaunlich vielen Rechtschreibfehler die Krankmeldung als schlichte Fälschung auf.

Lebensnaher Chemieunterricht

Ordentlich krachen ließen es Schüler und Lehrer in einer Klasse in Offenburg (Baden-Württemberg). Und zwar so heftig, dass der Brandalarm ausgelöst und das Schulgebäude vorübergehend gesperrt wurde. Die Ursache lässt schmunzeln, denn erste Ermittlungen ergaben, dass im Chemieunterricht Magnesium verbrannt wurde – was bekanntermaßen viel Rauch verursacht. Das Experiment verlief um einiges eindrucksvoller als geplant.

Wo ein Wille ist, ist auch ein Weg

Beachtliche Willensstärke und nicht minder beeindruckender Körpereinsatz legte ein Elfjähriger in einem Einkaufszentrum in Rheinfelden (Baden-Württemberg) an den Tag. Der Junge konnte den begehrten Elektroartikeln einfach nicht widerstehen, die in einem großen Spielautomaten als Gewinn lockten. Da er offensichtlich nicht genügend Kleingeld bei sich führte, um auf dem üblichen Weg an die begehrten Preise zu kommen, kletterte der Knabe beherzt durch den Entnahmeschacht in das Innere des Automaten. Allerdings hatte er nicht mit dem Kaufhausdetektiv gerechnet, der ihn hinter der Glasscheibe des Geräts entdeckte und die Polizei verständigte. Die hielt den gemeldeten Sachverhalt zunächst verständlicherweise für einen schlechten Scherz, wurde aber vor Ort schnell eines Besseren belehrt. Die Beamten walteten ihres Amtes, holten den kleinen Einbrecher heraus und übergaben ihn seinen Eltern. Und die Elektroartikel blieben, wo sie waren.

Passwortklau

Jetzt hat er's amtlich – Passwortklau ist kein Kavaliersdelikt. Ein 16-Jähriger aus Stuttgart (Baden-Württemberg) wurde für vier Tage vom Unterricht ausgeschlossen. Da half auch aller juristischer Beistand und der Gang zum Verwaltungsgericht nichts. Der Jugendliche hatte Ende 2014 das Computerkennwort eines Klassenkameraden im Computerraum der Schule entdeckt und dieses natürlich völlig uneigennützig an Freunde und Mitschüler weitergegeben. Damit wurde dann fröhlich Unsinn getrieben, unter anderem wurden pornografische Inhalte heruntergeladen. Angesichts des schweren Fehlverhaltens, das der 16-Jährige an den Tag gelegt hatte, sei die Schulleiterin mit dem Verweis im Recht gewesen, so das Gericht.

Schulschwänzen mit Folgen

Eigentlich war die Polizei in Frammersbach (Bayern) auf der Suche nach einem neunjährigen Kind, das der Mittagsbetreuung unentschuldigt ferngeblieben war. Da die Eltern telefonisch nicht zu erreichen waren, machten sich die Ordnungshüter auf den Weg. Zunächst schien es sich schlicht um einen Fall von Schuleschwänzen zu handeln, denn das vermisste Kind spielte friedlich vor dem Haus, während

Mama und Papa unterwegs waren. Damit wäre die Sache eigentlich erledigt gewesen – wenn den Beamten vor Ort nicht ein markanter Geruch aufgefallen wäre. Und siehe da, hinter dem Anwesen stießen die Ermittler auf zwei prächtige Marihuanastauden. Doch damit nicht genug. Als die Eltern kurz darauf mit dem Auto von einer Einkaufstour zurückkehrten, deutete einiges darauf hin, dass besagte Pflanzen nicht nur zur reinen Zierde im Garten standen. Der Vater zeigte diverse Symptome, die auf den Genuss verschiedener illegaler Substanzen hinwiesen, was denn auch ein Test bestätigte. Für alle Fälle durchsuchten die Beamten noch das Haus, wo sie auf zwei Aufzuchtanlagen mit 31 weiteren Marihuanapflanzen in verschiedenen Größen und kleine Mengen anderer Drogen stießen, so das Polizeipräsidium Unterfranken in Würzburg. Gegen den 51 Jahre alten Mann und seine 45 Jahre alte Frau wurden Strafverfahren eingeleitet.

Ausgebüxt und ausgebufft

Zwei fünfjährige Jungen aus Stuttgart-Nord (Baden-Württemberg) wollten endlich mal unter sich sein und beschlossen, sich vorübergehend der mütterlichen Obhut zu entziehen und sich ungestört auf einen Stadtbummel zu begeben. So nutzten die beiden Schlingel die Gunst der Abendstunde und sperrten ihre Mütter kurzerhand auf dem Balkon der Wohnung aus. Bis die Frauen den Streich bemerkten, hatten sich ihre einfallsreichen Söhne längst in eine Pizzeria in Stuttgart-Mitte begeben. Als Polizist und Snowboarder verkleidet, erklärten sie dem Kellner, dass sie Appetit auf eine richtig schöne Pizza verspürten. Dabei machten sie keinen Hehl daraus, dass sie allerdings kein Geld dabeihatten. Dessen ungeachtet nahm der Kellner die Bestellung ungerührt entgegen und servierte den Kindern die gewünschten Speisen sowie je ein Getränk. In der Zwischenzeit hatte er natürlich die »echte« Polizei verständigt. Die herbeigerufenen Beamten zeigten Verständnis und entsprachen dem Wunsch der Jungen, die Pizza bitte schön noch zu Ende essen zu dürfen, bevor sie wieder zu ihren Müttern gebracht würden. Die hatten zwischenzeitlich einen Weg aus ihrem Exil gefunden und beglichen die Rechnung ihrer hungrigen Sprösslinge.

Plötzlich in Bestform

Wenn ansonsten mittelmäßige Schüler plötzlich nur noch Einsen schreiben, kann das die Lehrer schon mal misstrauisch machen. So geschehen 2018 an der Bundeshandelsakademie in Steyr (Oberösterreich), wo sich der Notendurchschnitt von einem Tag auf den anderen schlagartig verbesserte. Ursache der erstaunlichen Leistungssteigerung war allerdings nicht kollektives fleißiges Lernen, sondern hatte vielmehr mit dem gehackten Passwort für den Lehrercomputer zu tun, auf dem diverse Prüfungsaufgaben gespeichert waren. Was dann folgte, war Teamwork vom Feinsten: Die Besten in der Klasse lösten die Aufgaben, die richtigen Antworten wurden großzügig an alle Mitschüler weitergegeben, wie mehrere österreichische Medien berichten. Nun, die Sache flog auf. Und die Schüler mussten sich zur Strafe nicht nur an einer Putzaktion in der Stadt beteiligen, sondern auch die Prüfungen wiederholen.

Auf Kosten der Gemeinde

Um Himmels willen! Das war nun wirklich keine göttliche Eingebung, die ein 14-Jähriger in Breisach (Baden-Württemberg) hatte. Der ging auf Shoppingtour im Internet, kaufte munter Waren ein – und gab als Bankverbindung für seine Rechnung in deutlich vierstelliger Höhe das Spendenkonto einer Kirchengemeinde am Kaiserstuhl an. Was er nicht bedachte: Die Behörden konnte seine Spuren im Netz nachvollziehen und den Sünder ausfindig machen. Der Junge zeigte sich reuig und gestand, dass er dem Pfarrer einen Streich habe spielen wollen, wie die Polizei Freiburg mitteilte.

Fesselnde Spiele

Als Opa lässt man sich gern etwas einfallen, um die gemeinsame Zeit mit dem Enkel interessant zu gestalten. Umso mehr, wenn er ein pensionierter Polizist ist und sich vom Handwerkszeug früherer (Arbeits-)tage nicht trennen mag. So kam die Feuerwehr in Braunschweig (Niedersachsen) zum Einsatz, als ein Großvater mit seiner Enkeltochter »Polizei« spielte und ihr zu diesem Behufe Handschellen anlegte – die sich dann allerdings nicht mehr lösen ließen, da sie wohl eingerostet waren. Also gingen Opa, Enkelin und Mutter zur Feuerwehr, die die Kleine mithilfe eines Bolzenschneiders befreien konnte. Als »Belohnung für die Tapferkeit« des Mädchens gab es eine exklusive Führung durch die Fahrzeughalle – ohne Handschellen!

Entfesseln will gelernt sein

Nicht als zweiter Houdini in die Geschichte eingehen dürfte ein Fünfjähriger aus Bad Schwalbach (Hessen), der beim Stöbern in einer Mülltonne auf Handschellen gestoßen ist. Klar, dass der Knirps die natürlich sofort ausprobieren musste – und zwar im Selbstversuch. Flugs testete er ihre Praxistauglichkeit und legte sie sich um die eigenen Fußgelenke. Man ahnt schon, wie die Sache ausging: Die Fesseln ließen sich einfach nicht mehr öffnen. Doch wenn sich jemand mit Handschellen auskennt, dann die Polizei! Also brachten die Großeltern den Jungen auf die Wache. Den Beamten gelang es auch problemlos, seinen linken Fuß zu befreien. Beim rechten waren sie jedoch mit ihrem Latein am Ende, da das Schloss kaputt war. Weitere Experten wurden hinzugezogen, dieses Mal die Feuerwehr, die einen Winkelschleifer erfolgreich zum Einsatz brachte. Als kleine Entschädigung für den erlittenen Schrecken bekam der Kleine anschließend eine Tafel Schokolade überreicht, teilte das Polizeipräsidium Westhessen mit.

Wenn der Weihnachtsmann sich irrt

Da hat der Weihnachtsmann doch glatt versagt! Entsprechend groß war der Unmut eines siebenjährigen Jungen in Zetel (Niedersachsen), als er unter dem Baum nicht die von ihm auf seinem Wunschzettel vermerkten Geschenke vorfand. Bitter enttäuscht bat er die Polizei um Hilfe. Die Beamten gingen der Sache nach – und gaben dem Kleinen recht: Wunschzettel und Geschenke stimmten in keinster Weise überein. Dennoch gelang es den Ordnungshütern, den häuslichen Frieden wiederherzustellen. Der nachlässige Weihnachtsmann kam indes ungeschoren davon.

Papa verpfiffen

So gar nicht einverstanden mit dem Verhalten seines Papas hinter dem Steuer zeigte sich ein Fünfjähriger. Mehr noch. Aus dem Auto heraus wählte er kurzerhand den Notruf, um seinen Vater bei der Polizei zu verpetzen. »Nachdem für einen kurzen Augenblick eine Kinderstimme am Telefon zu hören war, wurde gleich wieder aufgelegt«, teilte das Präsidium Unterfranken in Würzburg (Bayern) mit. Der Beamte rief die Nummer natürlich umgehend zurück, worauf zunächst der Vater abnahm, um sich für den Anruf seines Sprösslings zu entschuldigen. Doch dann übergab er seinem Sohn den Hörer, der empört berichtete, dass sein Papa gleich zweimal bei Rot über eine Ampel gefahren sei und deshalb eingesperrt werden müsse. Anstatt seinen Wunsch zu erfüllen, versuchte der Polizist, den Kleinen zu beruhigen. Mit dem Ergebnis, dass der sich letztendlich durchringen konnte, auf die sofortige Inhaftierung seines Vaters zu verzichten.

VIECHEREIEN

Rotpelz im Geschwindigkeitsrausch

Das Beweisfoto, das die Stadtpolizei Winterthur (Kanton Zürich, Schweiz) auf Twitter veröffentlichte, ließ keine Zweifel offen: Ein Verkehrssünder hat in der Innenstadt eindeutig das Rotlicht einer Ampel missachtet. Obwohl seine Identität eindeutig feststand, drückten die Polizisten gnädig ein Auge zu. Denn geblitzt wurde kein rücksichtsloser Autofahrer, sondern ein Fuchs, der es an diesem frühen Morgen wohl besonders eilig gehabt hatte.

Ungewöhnlicher Halsschmuck

Ein Schaf, das mit einem Gartenstuhl herumspaziert? Mit diesem eher ungewöhnlichen Vorfall beschäftigte sich die Polizei Northeim (Niedersachsen). Wie sich herausstellte, hatte das Tier den Kopf in die Lücke zwischen Sitzfläche und Rückenlehne gezwängt. Dumm nur, dass es kein Zurück mehr gab, der Stuhl hing am Hals fest – was das Schaf jedoch nicht daran hinderte, seinen Spaziergang fortzusetzen. Nachdem es den Beamten gelungen war, das Tier in eine Ecke zu treiben, konnte es von dem lästigen Halsschmuck befreit und zu seinem Besitzer zurückgebracht werden.

Koi-Karpfen im Freibad

Ohne Badehose wurden zehn Schwimmer in einem Freibad in Frankfurt am Main (Hessen) angetroffen – und das, obwohl die Einrichtung noch gar nicht für den Publikumsverkehr geöffnet hatte. Laut Polizei handelte es sich bei den Badegästen um Koi-Karpfen, die dort ausgesetzt worden waren. Gerade noch rechtzeitig wurden sie von einem Angestellten entdeckt, war dem Wasser doch kurz zuvor Chlor beigesetzt worden – eine brisante Mischung, die Fischen so gar nicht bekommt. Den Platz im Becken mussten sie zwar schleunigst räumen, dennoch blieben sie nicht lange obdachlos. Ein Schwimmbadmitarbeiter erbarmte sich der Tiere und adoptierte sie.

Ein Frosch im Salat

Rechtschaffen verdutzt dürfte ein 21-Jähriger aus Balkhausen (Nordrhein-Westfalen) gewesen sein, als er bei der Zubereitung seines Salates einen grasgrünen Frosch entdeckte. Einfach vor die Tür setzen wollte er seinen ungebetenen Gast allerdings nicht, denn es war Februar und entsprechend kalt und ungemütlich. Also brachte er ihn nach vorheriger Anfrage auf die gut geheizte Wache in Kerpen. Dort brachten polizeiliche Ermittlungen ans Licht, dass man es mit einem wechselwarmen Europäer zu tun hatte. Nachdem die Herkunft des Froschs zufriedenstellend geklärt war, erbarmte sich ein Kommissar und Hobbyterrarianer des frierenden Erdenbewohners und nahm ihn mit zu sich nach Hause, wo er es sich sofort unter einem Laubhaufen im Terrarium gemütlich machte.

Mops auf Abwegen

Eigene Wege ging ein Mops auf dem Hauptbahnhof Hamburg, als er spontan in den Metronom 82121 Richtung Hannover einstieg. Leider hatte er vergessen, seine Begleiterin über seine Reisepläne zu informieren. Unmittelbar nachdem er in den Zug gestürmt war, schlossen sich hinter ihm die Türen. Zu seinem Glück ließ sein Frauchen rechtzeitig die Leine los, sonst hätte der Alleingang ein rasches und vor allem unschönes Ende genommen. »Vom Anhang befreit, lief er durch den Metronom, meldete sich beim Zugbegleiter und bat um Unterstützung der Bundespolizei, um sein zurückgebliebenes Frauchen zu benachrichtigen«, teilte das Bundespolizeirevier Lüneburg (Niedersachsen) mit. Nach mehreren Telefonaten ermittelte ein Oberkommissar die Halterin: Glücklich fand das Gespann in Lüneburg wieder zusammen. Besonders stolz schien der Vierbeiner nicht auf seine Spritztour gewesen zu sein, denn der Einsatzbericht endet mit den Worten: »Der Mops bat darum, seinen Namen nicht zu nennen.«

Ungewöhnliche Talente

Über außerordentliche Fähigkeiten verfügte ein Mops in Herschberg (Rheinland-Pfalz), der sich in einem Auto die Zeit vertrieb. Ein Anwohner informierte die Polizei, dass der Hund in dem Fahrzeug herumspränge und sämtliche Lichter einschalte. Sein Frauchen, das zwischenzeitlich ermittelt werden konnte, bestätigte, dass ihr Vierbeiner eigenständig gelernt habe, die Beleuchtung zu bedienen. »Der Frau wurde dringend davon abgeraten, dem Tier auch noch das Fahren beizubringen«, teilte die Polizeidirektion Pirmasens abschließend mit.

Wilde Fanfarengesänge

Ausgerechnet den Standstreifen auf der A5 zwischen Neuenburg und Bad Bellingen (Baden-Württemberg) suchten sich ein paar Rehe für ein Treffen aus. Und weil es dort so schön war, ließen sie sich auch nicht von der Polizei vertreiben: Weder Blaulicht, Hupen noch Fanfarengesänge konnten das sture Wild zunächst dazu bewegen, sich wieder ins Dickicht zu begeben, wo es eigentlich hingehört. So leicht gaben die Polizisten jedoch nicht auf und gingen in die zweite musikalische Runde. Da wurde es den Rehen dann doch zu viel des Guten. Ohne ein weiteres Da Capo abzuwarten, zogen sie sich in den Wald zurück.

Aufgeweckte Nager

Wenn nachts ein unheimliches Knistern aus der Küche dringt, kann es den Bewohnern schon mal mulmig werden. So auch einer Frau aus Baden-Württemberg, die der Polizei meldete, es habe sich ein großes Tier in ihren vier Wänden häuslich niedergelassen. Mit ihrer Befürchtung lag sie zumindest teilweise richtig. Tatsächlich hatte sich ein Vierbeiner Zutritt in ihre Wohnung verschafft. Allerdings hatte sie die Dimensionen des Eindringlings falsch eingeschätzt: Bei dem pelzigen Einbrecher handelte es sich um einen Siebenschläfer, der in flagranti ertappt wurde, als er sich gerade großzügig an den Cornflakes und der Schokoladencreme bediente. Das Tierchen wurde zwar vor die Tür gesetzt, durfte sich aber immerhin etwas Proviant mitnehmen.

Ungewöhnliche Kinderstube

Auf den ersten Blick war es ein ganz alltäglicher Verkehrsunfall: Eine Ampel in Leonberg (Baden-Württemberg) fiel aus, ein Autofahrer beachtete die Vorfahrt nicht, es kam zum Aufprall mit einem anderen Fahrzeug, drei Personen wurden verletzt, der Sachschaden betrug 25.000 Euro. Doch dann nahm die Sache eine ungeahnte Wendung. Ein Techniker, der den Schaden anschließend an der Signalanlage beheben sollte, entdeckte in deren Innerem mehrere Siebenschläfer. Eine Mutter und ihr Nagetiernachwuchs hatten sich häuslich eingerichtet und dabei die Elektronik beschädigt. Eigentlich hätte die Familie aus Gründen der Verkehrssicherheit schleunigst umziehen müssen – da Siebenschläfer jedoch unter Artenschutz stehen, durften sie bleiben und die Reparatur wurde verschoben.

Alarm im Schwimmbad

Schnell gelöst war ein Einbruchsdelikt im Schwimmbad in Reutlingen (Baden-Württemberg). Nachdem die Beamten alarmiert worden waren, rückten sie mit mehreren Streifenwagen aus und umzingelten den Tatort. Der Täter konnte daraufhin rasch ermittelt werden, wie die Deutsche Presseagentur mitteilte: ein Siebenschläfer, der jedoch nicht vorsätzlich straffällig geworden ist, sondern versehentlich in einem Kassenhäuschen eingeschlossen worden war. Als er versuchte, sich durch eine Styroporplatte in Freiheit zu beißen, wurde der automatische Alarm ausgelöst. Nager und Beamte lieferten sich eine kurze Verfolgungsjagd, bevor das Tier »beim Erklettern der Diensthose eines Polizeibeamten dingfest gemacht werden konnte«, wie im Polizeibericht festgehalten wurde.

Unternehmungslustige Rindviecher

Auf Dauer nur Gras auf dem Speiseplan – das kann ganz schön eintönig sein. Das dachte sich wohl eine Kuh in Barchfeld (Thüringen), die morgens erwartungsvoll auf dem Parkplatz vor einer Bäckerei auftauchte. Übrigens viel zu früh, denn der Laden hatte noch geschlossen. War es etwa der Duft frischer Backwaren, der sie angelockt hatte? Was es auch immer war – das Rindvieh wurde wieder auf seine Wiese zurückgebracht.

Dem Ruf der Freiheit folgten auch rund 50 Rindviecher, die ihr Land in Roffhausen (Niedersachsen) verließen, um das Stadtgebiet von Wilhelmshaven zu erkunden. Einige Straßen mussten gesperrt werden, 9 Einsatzwagen der Polizei sowie mehrere Fahrzeuge der Feuerwehr waren mehrere Stunden im Einsatz, um die Herde wieder einzufangen. Verletzt wurde niemand, allerdings erlitten einige Autos Blechschäden. Auch der Bahnverkehr wurde von den Rindern ordentlich durcheinandergebracht.

Ins Nachtleben stürzten sich wiederum 15 Kühe in Alsdorf bei Aachen (Nordrhein-Westfalen): Sie lungerten in der Dunkelheit vor dem Rathaus, einem Kino und auf einer Straße herum. Was man halt so macht, wenn man in einer Clique unterwegs ist. Polizei und Feuerwehr gelang es schließlich gemeinsam, die Herde vor einem Supermarkt zusammenzutreiben. Bis der Besitzer eintraf, wurden die Tiere mit Feuerwehrleinen und einem Streifenwagen von weiteren Eskapaden abgehalten. Flugs transportierte der Landwirt schließlich die Nachtschwärmer mit einem Anhänger zum heimischen Stall.

Verspätete Züge sind wahrhaft keine Seltenheit. Einen nicht alltäglichen Halt musste hingegen ein Zug der Ostdeutschen Eisenbahn GmbH (ODEG) auf der Bahnstrecke Schwerin–Wismar einlegen, weil sich Rindviecher, nein, nicht im Zug, sondern am Gleis in unmittelbarer Nähe des Bahnhofs Moidentin (Mecklenburg-Vorpommern) tummelten, wie eine Streife des Bundespolizeireviers Wismar feststellte. Nachdem der Halter seine Tiere zurück auf die Weide gebracht hatte, konnte die ODEG ihre Fahrt mit beachtlichen 73 Minuten Verspätung fortsetzen.

Schlechte Manieren

Voll daneben benahm sich ein Zeburind im Norden Baden-Württembergs zu nachtschlafender Zeit. Doch der Reihe nach. Ein junger Mann fuhr kurz vor 4.30 Uhr mit seinem Opel Astra von Möckmühl in Richtung Neuenstadt-Bürg, als das Rind aus heiterem Himmel auf der Straße auftauchte. Der Fahrer legte eine Vollbremsung hin, konnte jedoch einen Zusammenstoß nicht verhindern. Aber damit nicht genug. Laut Polizeibericht setzte sich das Tier daraufhin auf die Motorhaube, hinterließ einen Kuhfladen und flüchtete anschließend mit seinen Kumpanen zurück auf die Weide. Am Opel entstand ein Schaden in Höhe von rund 2.000 Euro.

Auf dem Holzweg

Gründlich auf dem Holzweg befand sich eine oberbayerische Kuh im Teenageralter. Kaum einen Tag auf der Alm, machte sich das Jungtier auf, neues Terrain zu erkunden. Dabei geriet es ausgerechnet auf ein Baugerüst, das an einer Brücke in der Nähe von Oberaudorf bei Rosenheim aufgestellt worden war. Als das Rind bemerkte, dass es bei der Auswahl seines Ausflugsziels weit über das Ziel hinausgeschossen war, geriet es verständlicherweise in Panik. Von da an ging es für das Tier bergab, denn es rutschte unfreiwillig über zwei Etagen das Gerüst hinunter. Doch dann wurde sein Abgang abrupt gestoppt, da eine Lücke von fünf Metern aufklaffte. Zwei Dutzend Helfer der Freiwilligen Feuerwehr bauten eine Behelfsbrücke, der Besitzer sprach dem Rind derweil Mut zu, berichteten die Einsatzkräfte auf Facebook. Trotz der ungewöhnlichen Situation verloren weder Zwei- noch Vierbeiner die Nerven, die Kuh wurde vom Eis, sprich vom Gerüst gebracht und durfte zu ihrer Herde zurückkehren.

Kühe unter Polizeischutz

Unter Polizeischutz stand eine Kuhherde in Garmisch-Patenkirchen (Bayern) während des G7-Gipfels 2022, wie der *Spiegel* berichtete. Warum? Ihr Weg zur Alm führte direkt durch das abgesperrte Gelände um den Tagungsort Schloss Elmau, unter anderem über den für das Treffen eigens für die Spitzengäste eingerichteten Hubschrauberlandeplatz. Da verwundert es nicht, dass dem einen oder anderen Rindvieh vor lauter Aufregung ein kleines Malheur passierte – was weiter keine unerfreulichen Folgen für die Besucher hatte, denn die Kuhfladen wurden sofort von einer Spezialmaschine entfernt.*

* https://www.spiegel.de/politik/deutschland/g7-gipfel-in-garmisch-partenkirchen-rund-130-kuehe-unter-polizeischutz-auf-alm-getrieben-a-2969b92d-df36-4ca0-8460-e29478dff3e8, zuletzt aufgerufen im April 2023

Gefleckter Medienstar

Manche Rinder werden sogar zu Medienstars. So Yvonne, die Kuh, die mit ihrer Flucht vor dem Schlachter 2011 Schlagzeilen schrieb. Das Tier türmte in den oberbayerischen Wald und schaffte es, allen Fangversuchen zum Trotz, sich monatelang den Einsatzkräften und allen anderen Häschern zu entziehen. Führte die Kuh anfangs noch scheu wie ein Reh ein zurückgezogenes Leben im Unterholz, wurde sie zunehmend leichtsinniger und überquerte just in dem Moment eine Straße, als ein Polizeiauto vorbeikam. Zwar gelang es ihr erneut zu entkommen, doch über ihrem Haupt brauten sich dunkle Wolken zusammen: Da sie fortan als Risiko im Straßenverkehr galt, wurde sie – wenn auch als Ultima Ratio – zum Abschuss freigegeben, bevor größeres Unheil passieren konnte. Nach fast 100 Tagen wurde Yvonne schließlich gefasst und vom Münchner Ex-Tierparkchef Henning Wiesner mit einem Betäubungsgewehr außer Gefecht gesetzt. Die letzten acht Jahre ihres bewegten Lebens verbrachte Yvonne auf dem Tiergnadenhof Gut Aiderbichl. Dort starb sie im stolzen Alter von 14 Jahren.

Unterwegs mit Kalb und Trompete

Warum geht ein Mann mitten in der Nacht mit einem Kalb spazieren? Diese Frage brannte einer Funkstreife in Agawang (Bayern) förmlich auf den Lippen. Denn bei näherer Betrachtung erwies sich zwar das Rind als stocknüchtern, sein Begleiter hingegen als völlig betrunken. Obwohl der Mann stur behauptete, das Tier sei ihm nachgelaufen, war das Misstrauen der Beamten geweckt. Zu Recht, denn der alkoholisierte Cowboy hatte nicht nur das Kalb gestohlen, sondern auch ein Handy, eine Trompete, einen Autoschlüssel und Bargeld.*

Höfliche Ziegen

Ein »Ziegenbaby in Not« meldete eine Anwohnerin der Polizeiinspektion Edenkoben (Rheinland-Pfalz). Das Tier habe sich im Zaun seines Geheges verfangen und meckere jetzt verzweifelt um Hilfe. Ein klassischer Notfall, der umgehend eine Streifenbesatzung erforderte. Die stellte zunächst fest, dass es sich bei dem »Zicklein« um eine ausgewachsene Geiß handelte. Das änderte bei näherer Betrach-

* https://www.abendzeitung-muenchen.de/bayern/im-suff-mann-aus-bayern-stiehlt-kalb-und-trompete-bei-augsburg-polizeikontrolle-art-437784, zuletzt aufgerufen im April 2023

tung indes nichts daran, dass sie feststeckte. Vermutlich hatte sie versucht, das Gras auf der anderen Seite des Drahtzauns zu erreichen, und zu diesem Behufe den Kopf durch das weitmaschige Geflecht geschoben. Allerdings hatte sie dabei nicht bedacht, dass ihre Hörner einen geordneten Rückzug unmöglich machen würden. Doch ein beherzter Griff eines geschickten Polizisten bewahrte sie vor weiteren Unannehmlichkeiten. Die Ziege stob zunächst erleichtert davon, dann besann sie sich jedoch auf ihre guten Manieren und kehrte mit einigen Artgenossen zurück. Die Geißen traten in Reih und Glied vor die Beamten – ganz so, als wollten sie den Polizisten zum Dank salutieren. Auch die Exekutive wusste, was sich gehörte, und verabschiedete sich mit einem höflichen »Gern geschehen«, wie im Bericht festgehalten wurde.

Sonnenbaden in luftiger Höhe

Etwas kryptisch hörte sich zunächst die Information der Leitstelle an, die bei der Feuerwehr Essen (Nordrhein-Westfalen) einging: Ein Tier solle auf einer Markise sitzen. Tatsächlich. Als die Rettungskräfte eintrafen, entdeckten sie einen Hund auf dem Segel vor einer Wohnung im ersten Obergeschoss. Dem ersten Anschein nach sah es ganz danach aus, als wollte der Vierbeiner in luftiger Höhe ein Sonnenbad nehmen. Naheliegender war indes, dass der Vierbeiner aus dem offenen Fenster der darüberliegenden Wohnung gesprungen war und nach seiner sanften Landung keinen Schimmer hatte, wie er unbeschadet wieder festen Boden unter die Pfoten bekommen sollte. Also wurde schleunigst eine Drehleiter organisiert. Allein: So einfach wollte sich der verängstigte Hund nicht retten lassen. Erst das Frikadellenbrötchen eines großzügigen Feuerwehrmanns konnte ihn schließlich davon überzeugen, in den Drehleiterkorb einzusteigen. Unten angekommen, wurde das tapfere Kerlchen für sein kooperatives Verhalten mit weiteren Frikadellen belohnt.

Den besten Freund verloren

Verloren kann vieles gehen, Schlüssel, Geldbeutel oder Smartphones. Im Fall eines 80-Jährigen war es der beste Freund des Menschen, der im Kreis Esslingen (Baden-Württemberg) seinem Besitzer abhandenkam. Wie die Polizei meldete, irrte der mittelgroße schwarze Hund an der *Rettichbar* in Deizisau auf der Kreuzung umher und lief schließlich vor ein Auto. Das Tier wurde beim Unfall zum Glück nur leicht verletzt, am Citroën entstand ein Schaden von etwa 1.000 Euro. Natürlich stellte sich die Frage, warum der Vierbeiner allein unterwegs war. Das Rätsel löste sich rund eine Stunde später, als sich sein Herrchen auf dem Revier in Reichenbach meldete. Nach eigenem Bekunden hatte er seinen treuen Begleiter im Kofferraum seines Wagens befördert, als sich an einer Ampel nahe der Unfallstelle wegen eines Defekts die Hecklappe geöffnet hatte. Ob der Hund herausgesprungen oder beim Anfahren herausgefallen war, konnte nicht in Erfahrung gebracht werden.

Schwein gehabt

Jede Menge Schwein hatte ein Jogger bei Böllenborn an der Südlichen Weinstraße (Rheinland-Pfalz). Und zwar mehr, als ihm lieb war. Als er nach seiner Laufrunde im Wald zu seinem Auto zurückkehrte, war dieses von rund 20 Wildschweinen belagert, die in aller Ruhe Eicheln vom Boden fraßen. Der Mann versuchte zwar, die Borstentiere mit Schreien zu vertreiben, doch die ließen sich davon herzlich wenig beeindrucken. Erst als die Polizei eintraf und Martinshorn sowie Blaulicht einsetzte, gaben sie das Fahrzeug frei und machten sich davon.

Borstentier in Auslage

Wenig vertraut mit den Gepflogenheiten im Straßenverkehr zeigten sich zwei Wildschweine in Völklingen-Fürstenhausen (Saarland). Als ein Autofahrer versuchte, sie mit Hupen von der Fahrbahn der Kurt-Schumacher-Straße zu vertreiben, rannte eines der Tiere aufgeregt in ein Schaufenster – und zwar ausgerechnet in das einer Metzgerei. Wenn ein ausgewachsenes Wildschwein gegen Glas prallt, kann das nicht gut gehen, und entsprechend groß war das Loch in der Scheibe. Ohne sich um den Schaden zu kümmern, den es angerichtet hatte, entfernte sich das Borstentier unerlaubt, aber glücklicherweise unverletzt vom Tatort.

Müllschlucker

Eine »randalierende Wildsau« wurde der Polizeidienststelle in Kirn (Rheinland-Pfalz) gemeldet. Sie habe mehrere Mülltonnen umgeworfen und ließe sich jetzt den Unrat schmecken. Versuche der Anwohner, den Schwarzkittel durch Hupen von seinem Festschmaus abzuhalten, ließen ihn völlig unbeeindruckt. Erst als ein Mann mit einer Schaufel auf die Straße schlug, verging dem Borstenvieh der Appetit. Aufgeschreckt von den lauten Knallgeräuschen, lief es jedoch nicht wie erhofft in den angrenzenden Wald, sondern zog vielmehr weiter Richtung Innenstadt, wo es weitere Abfallcontainer umwarf – dieses Mal vor einer Bäckerei – und unverdrossen weiterfraß. Schließlich schafften es die Beamten, das Tier über die L183 zu treiben. Auf der Naheseite lief das Schwein in das dortige Gebüsch und verschwand auf Nimmerwiedersehen. Bis auf die Verschmutzungen war kein Schaden entstanden.

Schwarzkittel auf der Couch

Niemand teilt gern seine Wohnung mit ungebetenen Gästen. Und schon gar nicht mit einem Wildschwein. Auch eine Frau in Hagen (Nordrhein-Westfalen) war nur mäßig entzückt, als sie nach ihrer Heimkehr ein völlig abgespanntes Borstenvieh auf ihrem Sofa vorfand, das ihr ungeniert den Hintern entgegenstreckte. Dessen offensichtlicher Erschöpfungszustand hatte einen guten Grund, hatte es doch zuvor mit vollem Körpereinsatz die Inneneinrichtung demoliert. Vermutlich war das Wildschwein über eine offene Terrassentür in die verwaiste Wohnung eingedrungen, die danach zuschlug und ihm den Rückzug versperrte. Die Polizei rief einen Jäger zur Hilfe, der ihm wieder zur Freiheit verhalf.

Meister Reinecke zu Besuch

In Geislingen (Baden-Württemberg) wurde die Polizei im Mai 2022 gerufen, nachdem sich ein junger Fuchs am späten Abend in ein Wohnzimmer verirrt hatte. Das sonst scheue Tier suchte offenbar Gesellschaft, denn die Bewohner konnten es nicht hinausscheuchen. Doch die Streife bewies Fingerspitzengefühl, schnappte sich Meister Reinecke und setzte den ungebetenen Gast kurzerhand vor die Tür.

Cool im Pool

Dass Wasser keine Balken hat, musste der sechs Jahre alte und gut 800 Kilogramm schwere Kaltbluthengst Zaki in Essen-Byfang (Nordrhein-Westfalen) am eigenen Leib erfahren. Gemeinsam mit seinem Kumpel, einem Haflinger, war er an einem Dezembertag ausgebüxt und hatte sich widerrechtlich Zutritt zu einem eingezäunten Privatgrundstück verschafft, auf dem sich ein Swimmingpool befand. Da die Badesaison schon längst geendet hatte, war der selbige mit einer Folie abgedeckt, auf der sich Schnee gesammelt hatte. Dies führte bei Zaki zu einem verhängnisvollen Irrtum. Er setzte beherzt seine Hufe auf die vermeintlich sichere Schneedecke – und plumpste prompt in den Pool. Dort saß er nun im eiskalten Wasser fest. Wie lange er darin schon ausharrte, als die Bergungsaktion begann, war nicht bekannt.

Rasch wurden von den Helfern Pumpen auf Hochtouren gebracht, um das Becken zu leeren. Bis das Wasser vollständig abgelassen war, ließ sich Zaki ganz cool im Pool von Feuerwehrmännern, einer Polizistin und dem schließlich herangeilten Eigentümer im Kreis führen, damit sein Kreislauf in Schwung blieb. Ein Feuerwehrtaucher wartete derweil – komplett ausgerüstet – am Rand, um im schlimmsten Fall einzugreifen. Als das Becken schließlich trockengelegt war, verpasste der zwischenzeitlich eingetroffene Tierarzt dem vierbeinigen Schwergewicht eine kurze Narkose, und Zaki wurde von einem Feuerwehrkran ans sichere Festland gehoben, wo eilends etliche Pferdedecken über ihm ausgebreitet wurden. Nachdem er sich von seiner Narkose erholt hatte, wurde der Hengst in einen nahen Pferdestall gebracht, wo er sich in einem Pferdesolarium, sprich unter Infrarotlampen, aufwärmen durfte. Schließlich sollte er sich keinen Schnupfen holen. Trotz der liebevollen Pflege dürfte dem Tier die Lust auf einen weiteren Schwimmbadbesuch gründlich vergangen sein.

Ein Herz für Sir Henry

Bekanntermaßen sind die Ordnungshüter in der Walpurgisnacht hinlänglich mit Untoten und Zombies beschäftigt, die allerhand Unfug treiben. Nicht so die Polizei in Berlin, die in der Geisternacht zu einer ungewöhnlichen Rettungsaktion ausrückte. Als der Notruf eines Patienten des *Vivantes*-Klinikums einging, der auf dem Krankenhausgelände einen frierenden Hamster entdeckt hatte, nahm die Funkstreife das – übrigens unmaskierte – Tierchen bereitwillig unter ihre Fittiche. Da Sir Henry, wie der frierende Nager spontan von den Beamten getauft wurde, nicht in eine Dienstuniform passte, wurde er in eine Schachtel mit Einmal-Handschuhen gesetzt, damit er sich aufwärmen konnte. Dann ging es im Streifenwagen ab zur nächsten Wache, wo der Hamster bestens versorgt wurde. Am nächsten Tag zog Sir Henry ins Tierheim um, allerdings nicht für lange. Denn einem der Beamten ließ das Schicksal des kleinen Nagers keine Ruhe mehr. Lange Rede, kurzer Sinn: Sir Henry wurde von ihm adoptiert und fand eine neue Heimat im Stadtteil Karow – unter einem Decknamen, wie eine humorvolle Polizeisprecherin mitteilte.*

Einsatz im Untergrund

Eine wild fauchende Katze, die sich angriffslustig vor einem Kanaldeckel positioniert hatte – da war irgendetwas faul, befanden zwei Beamte der Verkehrspolizeiinspektion Regensburg (Bayern). Ihr kriminalistischer Instinkt trog sie nicht, denn als sich beide der Mieze näherten, entdeckten sie im Gully einen Hamster, der sich im Untergrund vor seiner Angreiferin versteckt hatte. Die wiederum machte sich angesichts der behördlichen Übermacht schleunigst aus dem Staub. Leider hatte sich das Tier vor lauter Panik zwischenzeitlich so tief verkrochen, dass es seinen Unterschlupf nicht mehr aus eigener Kraft verlassen konnte. Ein weiterer Polizeieinsatz folgte, und die Beamten holten den kleinen Nager heraus. Sicher in einer Transportbox untergebracht, wurde er einem Tierheim übergeben, wo er sich von seinem traumatischen Erlebnis erholen konnte.

* https://www.abendblatt.de/vermischtes/article210449627/Warum-der-Hamster-Sir-Henry-eine-Nacht-hinter-Gitter-kam.html, zuletzt aufgerufen im April 2023

Frauchen drin, Hund draußen

Zu einer Hunderettung der ungewöhnlichen Art musste ein Löschfahrzeug der Innenstadtwache in Bochum (Nordrhein-Westfalen) ausrücken. Eine Frau wollte, ihr Haustier im Schlepptau, in einem Bürogebäude mit dem Fahrstuhl aus dem Kellergeschoss nach oben fahren. Sie stieg ein, doch ihr Vierbeiner hatte aus welchem Grund auch immer den richtigen Moment verpasst und blieb vor dem Lift stehen. Als sich dieser in Bewegung setzte, zog er das angeleinte Tier unbarmherzig mit sich. Der Besitzerin gelang es, den Aufzug im Erdgeschoss zu stoppen und die Lichtschranke der geöffneten Tür zu blockieren, um eine Weiterfahrt zu verhindern. Währenddessen war ihr Hund im Kellergeschoss an der Oberkante des Fahrstuhls gefangen. Als die Einsatzkräfte eintrafen, kauerte sein Frauchen am Boden der Aufzugskabine, in der Hand die letzten zehn Zentimeter der Leine, an deren anderem Ende ihr Schützling hing. Die Helfer eilten in den Keller, wo sie vorsichtig das Geschirr mit einer Schere durchtrennten. Anschließend konnten sie den Unglücksraben unverletzt seiner erleichterten Besitzerin übergeben.

Reinliche Streuner

Ziemlich verdattert dürfte jener Beamte gewesen sein, als er im Keller des Polizeireviers Crailsheim (Baden-Württemberg) unter der Dusche stand. Denn plötzlich spürte er etwas Flauschiges an den Beinen. Ein Blick nach unten offenbarte: Ein kleiner brauner Hund schmiegte sich an ihn. Da der Polizist wissen wollte, mit wem er sich so unerwartet die Duschkabine teilte, marschierte er schnurstracks, lediglich bekleidet mit einem Handtuch, in Begleitung seiner neuen Bekanntschaft in die Büroräume, um der Sache auf den Grund zu gehen. Wie sich herausstellte, war der anhängliche Vierbeiner einen Tag zuvor einem mehrere Kilometer entfernten Tierheim entlaufen. Frisch gewaschen wurde der reinliche Streuner wieder zurückgebracht.

Alleinreisende Hunde

Ein Abenteuer erlebte ein bayerischer Gebirgsschweißhund namens Quando, der in Verden (Niedersachsen) mit seiner Besitzerin im Auto unterwegs war. Während sie kurz etwas zu erledigen hatte, sprang er beherzt aus dem geöffneten Fenster und marschierte schnurstracks Richtung Bahnhof. Dort schloss er sich einer Reisegruppe an, die in einen Zug stieg. Überhaupt zeigte er sich offen für neue Bekanntschaften. Der Leitstelle der Bundespolizeiinspektion Bremen wurde bald gemeldet, dass ein herrenloser Hund in der Nordwestbahn 83148 Richtung Bremen freundlich wedelnd Kontakt mit seinen Mitreisenden suche. Zwei Diensthundeführer, die sich gerade auf Streifenfahrt befanden, übernahmen Quando in Bremen-Mahndorf vom Zugpersonal. Zwischenzeitlich hatte ihn sein Frauchen dem Tierheim von Verden als vermisst gemeldet. Bis die Familienzusammenführung stattfinden konnte, durfte der Gebirgsschweißhund den Bundespolizisten sein Talent bei einer spontan angelegten Fährtensuche demonstrieren. Dank seiner bemerkenswerten Leistungen hätte er sofort einen Platz in der Diensthundeschule bekommen, bedauerlicherweise fehlte ihm jedoch eine entscheidende Qualifikation: Er gehörte nicht zu den anerkannten Polizeihunderassen. Quando nahm es sportlich, vor allem weil er bereits eine Lehrstelle für die Ausbildung als Jagdhund vorweisen konnte.

Ein allein reisender Hund wurde auch der Bundespolizei in Neumünster (Schleswig-Holstein) vom Schaffner eines abfahrbereiten Zuges in Richtung Kiel gemeldet. Mangels gültigen Tickets wurde er von zwei Beamten auf die Wache gebracht. Die sofort eingeleiteten Ermittlungen nach dem Halter blieben zunächst ohne Erfolg. Doch 20 Minuten später rief eine Bahnmitarbeiterin an: Eine völlig aufgelöste Frau vermisse ihren Vierbeiner. Wie sich herausstellte, hatte sie während der Fahrt von Hamburg nach Kiel die Toilette aufgesucht und anschließend im Zug die falsche Richtung eingeschlagen. Als sie schließlich ihren Sitzplatz wiederfand, war ihr Labradorweibchen Tina verschwunden. Offensichtlich hatte die Hündin ihr Frauchen vermisst und auf der Suche nach ihr den Zug am Bahnhof Neumünster verlassen. Bis Tina und ihre Besitzerin wieder vereint waren, kümmerten sich die Beamten um sie und fütterten sie mit Käse und Bananen.

Überraschendes Fahndungsfoto

Offensichtlich war es einer Pinscherhündin in Ebstorf (Niedersachsen) zu Hause langweilig geworden. Als das Hoftor aufstand, büxte Mia an einem kalten Wintertag kurz entschlossen aus und begab sich zum Bahnhof. Um 12.42 Uhr stieg sie in die Regionalbahn 16357 Richtung Uelzen ein. Die Reise dauerte nicht lange, die Schwarzfahrerin wurde vom Bahnpersonal der Bundespolizei übergeben. Da es keinen Hinweis auf ihren Besitzer gab, schickten die Beamten ein Fahndungsfoto von Mia an die Polizeistation in Ebstorf, die es wiederum an eine Tierbetreuungsstation im Ort weiterleitete. Wie es der Zufall so wollte, erkannte dort eine Mitarbeiterin Mia auf den ersten Blick: Bei dem bislang unbekannten Hund handelte es sich eindeutig um das Haustier ihrer Freundin, der sie das Foto unverzüglich per Handy schickte. Die wiederum staunte nicht schlecht, als sie Mias Fahndungsfoto zu Gesicht bekam, denn bis zu jenem Moment war sie der festen Überzeugung gewesen, ihre Pinscherdame hielte wie die anderen beiden Hunde auf dem Hof den wohlverdienten Mittagsschlaf. Doch ein Irrtum war ausgeschlossen, denn die Fellnase auf dem Bild trug einen »Hundewintermantel«, der eindeutig zu Mias Garderobe gehörte. Klar, dass ihr Frauchen ihre abenteuerlustige Hündin sofort bei der Bundespolizei Uelzen abholte. Ende gut, alles gut: Pünktlich zum Weihnachtsfest war die Familie wieder glücklich vereint.

Wo die Liebe hinfällt

Ein Eichhörnchen verfolgte in Karlsruhe (Baden-Württemberg) derart hartnäckig einen Mann, dass der sich nicht mehr anders zu helfen wusste, als die Polizei um Hilfe zu bitten. Als die Beamten eintrafen, war das Tierchen dem Mann noch immer unverdrossen auf den Fersen. Die Verfolgungsjagd fand erst ein Ende, als der Nager einschlief, sei es vor Aufregung ob der allgemeinen Aufmerksamkeit oder vor Erschöpfung. Karl-Friedrich, wie das Eichkätzchen spontan getauft wurde, wurde in polizeilicher Obhut auf das Revier gebracht. Dort kümmerte man sich um eine Unterkunft für Karl-Friedrich, der offenbar auf der Suche nach einem neuen Zuhause war.

Was für ein Zirkus

Eine bühnenreife Verfolgungsjagd fand in Ludwigshafen (Rheinland-Pfalz) statt. Die Beteiligten: zahlreiche Polizeibeamte, ein Clown und zwei Zebras, die aus einem Zirkus ausgebüxt waren. Also die Zebras, nicht der Clown. Innerhalb kürzester Zeit hefteten sich fünf Streifenwagen nebst dem professionellen Spaßmacher an ihre Hufe. Mit vereinten Kräften gelang es, die an einem Weiher grasenden Tiere wieder einzufangen. Clown und Zebras wurden anschließend von den Beamten zurück zum Zirkus eskortiert.

Ausbrecherkönig mit Beutel

Ein seltenes Bild bot sich mehreren Autofahrern auf der Straße zwischen St. Georgen und Brogen (Baden-Württemberg). Denn was ihnen da entgegenhüpfte, war unverkennbar ein Känguru. Wie sich herausstellte, war Skippy einem Zirkus entflohen. Zwar versuchten Mitarbeiter, des Tieres habhaft zu werden, doch dem gelang es, in einem angrenzenden Waldstück zu verschwinden, bis es im Schützenhaus St. Georgen festgenommen werden konnte. Übrigens war es nicht der erste Ausbruchsversuch des freiheitsliebenden Kängurus. Skippy war schon einmal abgehauen, als der Zirkus in Bad Dürrheim gastierte, und konnte erst nach einer Woche wieder eingefangen werden.

Hungriger Esel

Was lernen wir aus diesem Fall? Sportwagenbesitzer sollten nie in der Nähe eines Esels parken. Schon gar nicht, wenn das Fahrzeug orangefarben wie eine Karotte ist. Die auffällige Lackierung führte bei einem Grautier im hessischen Schlitz zu einer verhängnisvollen Verwechslung. Hatte es den McLaren-Supersportwagen am Ende für eine überdimensionale Möhre gehalten, wie die Polizei scherzhaft vermutete? Oder verspürte es spontan Appetit auf einen rasanten Flitzer? Jedenfalls biss der Esel herzhaft in das Heck des teuren Pkw – und verursachte einen Schaden von rund 30.000 Euro. Was auch immer das Motiv war, das Langohr blieb störrisch und verweigerte die Aussage.

Freiheitsliebende Huftiere

Heftigen Widerstand gegen die Staatsgewalt leisteten ein Pony und ein Esel, die gemeinsam einen Ausflug im Kasseler Stadtteil Waldau (Hessen) unternahmen, wie mehrere Anwohner den Behörden meldeten. Als die Polizei eintraf, musste sie feststellen, dass die beiden Ausreißer ohne Halfter unterwegs waren. Kreativität war also gefragt, um die Tiere abzuführen. Die Beamten legten dem Pony kurz entschlossen den Gürtel einer Diensthose als Zügel an, was dieses zunächst auch widerspruchslos hinnahm. Der Esel wiederum verhielt sich ausgesprochen unkooperativ. Als ihm die Ordnungshüter einen Spanngurt umlegen wollten, der von einem Anwohner zur Verfügung gestellt wurde, setzte er sich mit allen ihm zur Verfügung stehenden Mitteln zur Wehr und suchte schließlich das Weite. Offenbar motiviert vom Widerstand seines Kumpans, befreite sich auch das Pony und düste dem Grautier hinterher, den Gürtel des Beamten immer noch um den Hals.

Kurz nach ihrer spektakulären Flucht wurde das Duo auf einer vierspurigen Landstraße gesichtet. Der Polizei blieb nichts anderes übrig, als den Verkehr in beide Richtungen zu sperren. Als Esel und Pony erneut gestellt wurden, gelang es immerhin, das Pferd dank des Gürtels dingfest zu machen. Was endlich auch zu einem Sinneswandel bei dem Esel führte, der seinem Kumpel aus freien Stücken folgte. Die beiden wurden auf ein benachbartes Kleingartengelände gebracht, wo sie auf einem Grundstück festgesetzt wurden. Da mit weiteren Fluchtversuchen gerechnet werden musste, sicherten die Beamten das Gartentor mit Handschellen. Zwischenzeitlich konnte der Halter des freiheitsliebenden Duos ermittelt werden, der die beiden aus ihrem provisorischen Knast befreite.

Ziegenbock als Beifahrer

Eigentlich waren die Ermittler der Kriminalpolizei im Norden Thüringens für Durchsuchungen ausgerückt. Der Einsatzwagen wurde abgestellt, die Beamten stiegen aus, doch ehe sie die Türe hinter sich schließen konnten, hüpfte ein Ziegenbock ins Fahrzeug und nahm auf dem Rücksitz Platz. Vermutlich erhoffte er sich eine Spritztour, denn nach Aussage seines Herrchens würde der Geißbock leidenschaftlich gerne im Auto mitfahren. Sein Wunsch blieb leider unerfüllt, schließlich waren die Beamten im Dienst und hatten keine Zeit, ihren ungebetenen Fahrgast in der Gegend herumzukutschieren. Das sah auch der Ziegenbock ein, der »fast freiwillig« das Fahrzeug verließ, wie es im Polizeibericht zu lesen war.

Freches Frettchen

Ein Mann aus Bremen wurde von verdächtigen Geräuschen vor seiner Wohnung aufgeschreckt. Als er sie einen Spaltbreit öffnete, bemerkte er ein ihm unbekanntes Tierchen, das hartnäckig an seiner Tür kratzte und offensichtlich reinwollte. Der Mann schloss die Tür sofort wieder und rief die Polizei. Als die Beamten eintrafen, richteten sich im Treppenhaus zwei glühende Knopfaugen auf sie, die zu einem ausgewachsenen Frettchen gehörten. Das sah sofort von seinem Einbruchsversuch ab und ließ sich sogar von der Polizei auf den Arm nehmen. Weitere Ermittlungen ergaben schließlich, dass Klaus – so hieß der Marder – bei einer anderen Hausbewohnerin lebte, die bis dato noch gar nicht gemerkt hatte, dass ihr Haustier unauffällig das Weite gesucht hatte.

Pfui Spinne!

Zum falschen Zeitpunkt am falschen Ort war eine mutmaßlich harmlose Spinne im Essener Stadtteil Bredeney (Nordrhein-Westfalen). Aufgeschreckt durch einen Überfallalarm in einem Gebäude, näherten sich Beamte dem Tatort, weitere hielten sich für alle Fälle in nächster Nähe auf. Wie sich herausstellen sollte, war ein langbeiniges Spinnentier die Ursache des Großeinsatzes gewesen, das es sich leichtsinnigerweise auf einem scharf geschalteten Alarmknopf bequem gemacht hatte. Die Anwohner kannten kein Pardon und beförderten den Eindringling gewaltsam ins Jenseits – lösten jedoch bei dem Akt von Selbstjustiz versehentlich das Notsignal aus.

Krabbelalarm im Supermarkt

Beim Öffnen einer Bananenkiste wurde in einem Lebensmittelmarkt in Ludwigsburg (Baden-Württemberg) eine größere Spinne entdeckt. Geistesgegenwärtig machte der Mitarbeiter noch ein Video von dem Eindringling, bevor dieser unter der Gemüseablage im Verkaufsbereich verschwand. Natürlich konnte das Tier dort nicht bleiben, also wurden flugs Experten zu Rate gezogen. Da diese nicht restlos ausschließen konnten, dass eine hochgiftige Bananenspinne eingereist sein könnte, wurde der Laden von der Polizei und der Feuerwehr geräumt. Die Einsatzkräfte sowie ein Spinnenexperte, drei Mitglieder der *Tierrettung Unterland* nebst einem Kammerjäger durchkämmten den Lebensmittelmarkt, um der Spinne habhaft zu werden. Die ging ihnen auch tatsächlich ins Netz, wobei sich herausstellte, dass es sich um eine ungefährliche Krabbenspinne handelte. Fridolin, wie sie getauft wurde, landete jedoch nicht obdachlos auf der Straße, sondern fand ein neues Zuhause bei einem der Tierretter.

Achtbeiniger Bankräuber

Alarm in einer Bank in Wutha (Thüringen): Schleunigst rückten Polizei und ein Bankangestellter aus, um die Bankräuber auf frischer Tat zu ertappen. Ihre Suche nach Einbruchsspuren verlief zunächst vergeblich. Doch schließlich fanden sie den Übeltäter: Eine Spinne hatte sich vor den Alarmmelder gesetzt und ihn dadurch ausgelöst. Den Safe indes hatte sie links liegen gelassen.

Achtung Krokodil!

Mehrere Bürger meldeten dem Polizeirevier Nagold (Baden-Württemberg), dass sie am Ufer der Waldach ein Krokodil gesichtet hätten, das regungslos am Ufer läge. Wie die ausgerückte Streife jedoch mit Kennerblick feststellte, handelte es sich bei dem 2,5 Meter langen Reptil lediglich um ein täuschend echt aussehendes, aber völlig ungefährliches Stofftier. Von Mitarbeitern des Bauhofs wurde das Plüschkrokodil fachmännisch entsorgt.

Krokodilalarm gab es auch in Dahn im Kreis Südwestpfalz (Rheinland-Pfalz). Dort hatte ein Spaziergänger die Behörden wegen eines Krokodilbabys im Kurpark alarmiert. Als die Beamten das Tier in Gewahrsam nehmen wollten, leistete es keine Gegenwehr. Der Grund? Es war gerade mal 50 Zentimeter groß und zudem aus Plastik.

Reptil im Main

In tropischen Gefilden sind Krokodile nichts Besonderes. Anders sieht die Sache hingegen aus, wenn ein selbiges im Main gesichtet wird. Und wie es aussah, war das Reptil auf direktem Weg nach Bayern. Das versetzte die Polizei in Hanau (Hessen) in Alarmbereitschaft. Eilends suchten die Beamten das Gebiet unter anderem mit einem Hubschrauber und Booten ab. Doch dann wurde der Einsatz abgeblasen: Zeugen hatten von dem Tier Videoaufnahmen angefertigt. Nach Sichtung derselben bestand kein Zweifel mehr: Kein Krokodil, sondern vermutlich ein großer Biber hatte die Aufregung verursacht, so die bayerische Polizei.

Schildkröte hinter Gittern

Auf Wanderschaft befand sich eine Riesenschildkröte – ausgerechnet auf der Autobahnauffahrt Neuenburg Richtung Freiburg (Baden-Württemberg). Ein Mann hielt an, setzte das Tier in einen Karton und brachte es zum Polizeirevier Müllheim. Da die diensthabenden Beamten zu später Stunde weder Tierheim noch Tierschutzorganisationen erreichten, durfte die Schildkröte auf dem Revier übernachten – in einer freien Zelle.

Undankbares Biest

Eine Familie entdeckte auf einem Friedhof in Biberach (Baden-Württemberg) am Rande eines Fußwegs eine Schildkröte. Als sich der Mann zu ihr hinunterbeugte und ihr freundlich die Hand entgegenstreckte, biss ihm das Tier in den Finger. Die hinzugerufene Polizei leistete Erste Hilfe und nahm sich des bissigen Reptils an, das sich als Schnappschildkröte entpuppte, die ihrem Namen alle Ehre machte. Sie war aus einem Terrarium ausgebüxt, das sich in der Mitte der Aussegnungshalle befindet.

Falsche Schlange

Eine Mitarbeiterin eines Supermarkts in Bremerhaven (Bremen) fuhr der Schreck ordentlich in die Glieder, als sie beim Auspacken von Ware auf eine Schlange stieß. Ein mutiger Kunde griff ein und packte das Reptil beherzt in einen Karton. Eine überflüssige Vorsichtsmaßnahme, wie sich anschließend im Tierheim erwies. Die Schlange war völlig ungefährlich, da sie aus Gummi bestand.

Rehbock beim Arzt

Fühlte er sich gesundheitlich nicht ganz auf der Höhe? Wollte er ein Rezept abholen? Ein junger Rehbock in Otterbach bei Kaiserslautern (Rheinland-Pfalz) brach eine Tür auf und versteckte sich in der Arztpraxis im Haus. Es war wohl nicht das erste Mal, dass der Bock menschliche Nähe suchte, denn »Hansi«, wie ihn Kinder bereits getauft hatten, war schon mehrfach am Ortsrand, wo sich auch besagte Praxis befand, umhergestreift. Da er alles andere als einen kranken Eindruck machte, wurde er von Feuerwehr und Tierschützer als geheilt in die Freiheit entlassen.

Trommelndes Langohr

Die Hinterläufe eines Hasen haben in Bühl (Baden-Württemberg) die Polizei auf den Plan gerufen. Ein Mann hatte kurz vor Mitternacht verdächtige Klopfgeräusche wahrgenommen und wegen Einbruchsverdachts Alarm geschlagen. Die Beamten erwischten den Täter auf frischer Tat: Ein Hase trommelte unermüdlich mit seinen Hinterläufen gegen seine hölzerne Behausung.

Safari auf der Bundesstraße

Zebrastreifen sind im Straßenverkehr nichts Ungewöhnliches. Anders sieht es aus, wenn zwei gestreifte Zebras gemütlich über eine Bundesstraße flanieren. Wie sich herausstellte, waren sie aus einem Zirkus entwischt, bevor sie im Dunkeln der Nacht entschwanden. In den frühen Morgenstunden ließen sie sich kurz bei einem Waldstück blicken, dann tauchten sie wieder ab. Dass ihnen zwischenzeitlich Polizisten und Zirkusleute auf den Fersen waren, störte sie weiter nicht. In aller Seelenruhe genossen sie ihre Freiheit, naschten Kräuter und ließen sich Äpfel aus einem Garten schmecken, wie ein Zeuge berichtete. Doch irgendwann hatten die gestreiften Ausreißer genug von ihrem Ausflug und kehrten aus freien Stücken in den Zirkus zurück.

Ungebetene Gäste

Als eine Seniorin in Bochum (Nordrhein-Westfalen) im Sommer gemütlich frühstücken wollte, musste sie feststellen, dass sie nicht allein am Tisch saß. Mehr als 30 Wespen, die durch ein offenes Fenster eingedrungen waren, hatten sich entschlossen, ihr Gesellschaft zu leisten. Nachdem niemand von der Hausverwaltung zu erreichen war, rief sie in ihrer Not die Polizei. Den Beamten gelang es, die Eindringlinge ohne Einsatz von Gewalt vor die Tür zu setzen, um ihnen den geordneten Rückzug in ihr Wespennest an der Hausfassade zu ermöglichen. Allerdings war der Einsatz damit noch nicht beendet, denn aufgrund der hohen Temperaturen konnte der Dame nicht zugemutet werden, alle Fenster geschlossen zu halten. Es war also mehr als wahrscheinlich, dass die gelb-schwarzen Störenfriede ihr Terrain zurückerobern würden. Doch die Polizisten wussten Rat: Sie kauften der Seniorin auf eigene Kosten ein Fliegengitter und brachten dieses höchstpersönlich am Wohnungsfenster der Bochumerin an.

Batman lässt grüßen

Auch der pfiffigste Batman kann sich mal gehörig verflattern. Eine Frau in Stuttgart (Baden-Württemberg) bekam Besuch von einer rund 20-köpfigen Zwergfledermausgruppe, die durch ein geöffnetes Fenster in ihre Wohnung eingedrungen war. Zwar hatten die Tiere dem ersten Anschein nach das Feld rasch wieder geräumt, dennoch wurde die Dame am nächsten Tag das unbestimmte Gefühl nicht los, als hätte der der eine oder andere nächtliche Gast den kollektiven Abflug verpasst. Die herbeigerufenen Polizisten machten sich auf die Suche nach eventuell Zurückgebliebenen – und entdeckten bei ihrem Rundgang acht Fledermäuse, die sich hinter Bildern und Regalen versteckt hatten. Doch wie das nun mal mit Abendseglern so ist – rüde aus ihrem Tagschlaf gerissen, wechselten die nachtaktiven Tiere sofort in den Flugmodus. Kein Problem für die Beamten: Sie hatten in weiser Voraussicht eine Gardine aus den Diensträumen mitgebracht, mit der sie die ungebetenen Gäste behutsam und unverletzt einfingen. Anschließend brachten die Beamten die Tiere in einem Karton zu einer nahe gelegenen Parkanlage und entließen sie dort bei Einbruch der Dunkelheit wieder in die Freiheit.

Gefiederte Kollegin

Per Facebook-Eintrag präsentierte die Polizei Aargau (Schweiz) stolz eine neue Kollegin: »Der Handel mit illegalen Hanfsamen hat in den vergangenen Monaten stetig zugenommen. Wir wurden dadurch stark gefordert. Aus diesem Grund haben wir uns entschlossen, für die doch aufwendige und knifflige Suche nach Hanfsamen ein Haubenhuhn auszubilden. Diese Gattung ist bekannt für ihre besonders feinen Riechorgane. Frieda von Staufberg ist nun täglich im Dienst und hilft im Kampf gegen den Drogenhandel, so zum Beispiel bei den unzähligen Hausdurchsuchungen. Wir gratulieren dem Team zur bestandenen Einsatzprüfung und wünschen viel Erfolg«, war zu lesen. Nur nebenbei: Der Eintrag wurde am 1. April veröffentlicht.

Maskierter Räuber

Da kommt man aus dem Urlaub heim, denkt sich nichts Böses – und findet eine verwüstete Wohnung vor. Klar, dass eine Frau aus Paderborn (Nordrhein-Westfalen) beim Anblick der am Boden liegenden Blumentöpfe, zerbrochenen Porzellanfiguren und Schmutzspuren zuerst an einen Einbruch dachte und umgehend die Polizei verständigte. Allerdings war etwas seltsam an der Sache, denn die Beamten konnten beim besten Willen keine weiteren Anzeichen entdecken, die auf einen Einbruch hingedeutet hätten. Stattdessen erwischten sie während ihrer Inspektion den Täter, der sich in einem Blumentopf hinter untergestellten Gartenmöbeln verkrochen hatte. Trotz seiner schwarzen Maske wurde er sofort als Waschbär identifiziert. Obwohl er aufgeflogen war, zeigte er sich nicht gewillt aufzugeben. Stattdessen ging er – im wahrsten Sinn des Wortes – die Wände hoch und ignorierte den Fluchtweg, den ihm die Polizei in Form einer geöffneten Tür anbot. Angesichts so viel Widerstands und krimineller Energie war dringend weitere Unterstützung erforderlich. Sprich, die Polizei zog sich diskret zurück, damit die Situation nicht völlig eskalierte, und überließ der Feuerwehr das Feld. Der gelang es schließlich, den wütenden Waschbären mit einem Netz einzufangen und ihn an die frische Luft zu setzen. Auf eine Befragung, wie er ins Haus eingedrungen war, wurde verzichtet. Vermutlich hatte er sich kurz vor der Abreise der Hausbesitzerin auf leisen Pfoten durch eine geöffnete Tür in deren Wohnung geschlichen.

Bärenstarke Verfolgungsjagd

Für die neuesten Trends in Sachen Mode interessierte sich offensichtlich ein Waschbär in Heidelberg (Baden-Württemberg). Er hatte es sich am frühen Morgen in einem Schaufenster eines Modehauses bequem gemacht. Seine Shoppingtour wurde jedoch empfindlich gestört, als die von Passanten alarmierte Polizei eintraf und das Gebäude umstellte. Der kleine Einbrecher versuchte zwar noch, sich dem Zugriff zu entziehen, indem er sich hinter der Weihnachtsdekoration versteckte, doch die Uniformierten ließen sich von seinem Täuschungsmanöver nicht in die Irre führen. Als der Waschbär einsehen musste, dass seine Lage aussichtslos war, ergab er sich der Tierrettung Rhein-Neckar. Da kein Sachschaden entstanden war, wurde auf eine Anzeige verzichtet.

In Düsseldorf (Nordrhein-Westfalen) erschreckte ein Waschbär am frühen Abend Seminarteilnehmer im Hinterhof einer Fachhochschule, die sich zu einer Raucherpause eingefunden hatten. Da er nicht auf der Teilnehmerliste stand, hatte er sich offensichtlich verirrt. Zwei Feuerwehrleute rückten an, um ihn einzufangen. Ein Vorhaben, das auf keinerlei Gegenliebe stieß, weswegen das Tier sein Heil in der Flucht suchte. Der kleine Bär kletterte behände eine Außentreppe zur dritten Etage empor. Dumm nur, dass es dort für ihn nicht weiterging und die Rettungskräfte immer noch an seinen pelzigen Fersen klebten. Also versuchte sich der Klettermaxe, in den zweiten Stock herabzuhangeln, wohl in der Hoffnung, seine Verfolger abzuschütteln. Das Manöver war nicht ungefährlich, denn er drohte etwa fünf Meter in die Tiefe zu stürzen. Zum Glück hatten die Feuerwehrleute einen Teleskopkäscher im Gepäck, den sie dem Waschbären als Alternative zu einem gewagten Sprung in die Tiefe anboten. Nach kurzer Risikoabwägung beschloss das Tier schlussendlich, sich unter dem Applaus einiger Zuschauer ins sichere Netz fallen zu lassen. Die Waschbärenretter konnten nach 90 Minuten den Einsatz beenden – und das Seminar konnte ohne tierische Ablenkung weitergehen.

Hartnäckiger Mitbewohner

Sehr penetrant erwies sich ein laut Zeugenaussagen leicht molliger Waschbär in Schorndorf im Rems-Murr-Kreis (Baden-Württemberg) auf der Suche nach einer geeigneten Unterkunft. Dabei ging er zunächst auf Nummer sicher und trieb sich im Innenhof des Polizeireviers herum. Doch dann wurde ihm die geballte Polizeipräsenz offensichtlich zu viel, und er machte sich auf die Suche nach einem neuen Domizil. Dieses glaubte er einen Tag später in einem Mehrfamilienhaus gefunden zu haben – zur mäßigen Begeisterung einer Bewohnerin, die sich völlig unverhofft mit den Umzugsplänen des Waschbären konfrontiert sah. Als sie ihre Türe aufschloss, witschte er an ihr vorbei in die Wohnung und machte es sich gemütlich. Da die Frau nicht bereit war, mit ihm unter einem Dach zu leben, versuchte sie entschlossen, ihren neuen Wohngenossen loszuwerden. Was gutes Zureden nicht vermochte, gelang mit der Hilfe von Katzenfutter, mit dem sie ihn ins Treppenhaus lockte. Allerdings war das auf Dauer auch keine Lösung, weshalb leichtes Geschütz in Form von Raumspray eingesetzt wurde, um den pelzigen Gesellen zu vertreiben. Mit Erfolg, denn der Waschbär suchte nach dieser empfindlichen Attacke auf seine Geruchsnerven empört das Weite – zumindest vorübergehend.

Denn als eine andere Bewohnerin, die von dem ungebetenen Besucher keine Ahnung hatte, durch die Haustür trat, schlich er sich im Handumdrehen wieder hinein. Die Polizei wurde hinzugezogen, doch auch der gelang es nicht, den hartnäckigen Mitbewohner zum Auszug zu bewegen. Mit der Folge, dass die entnervte Hausgemeinschaft beschloss, ihm wenigstens kurzfristig Asyl zu gewähren. Ermüdet von dem ganzen Wirbel, schlief der Waschbär irgendwann im Treppenhaus ein. Beim Aufwachen muss ihm wohl gedämmert haben, dass er nur geduldet wurde. Um seinem endgültigen Rauswurf zu entgehen, verließ er schließlich freiwillig das Haus – mit unbekanntem Ziel.

Drama mit Lama

Als völlig unempfänglich für den Charme des anderen Geschlechts zeigte sich eine Lama-Dame, nachdem sie während eines Tiertransportes vom Zoo in Prag nach Zürich auf dem Parkplatz eines Hotels in Weil (Baden-Württemberg) unerlaubt ausgestiegen war. Da alle Bemühungen des Fahrers scheiterten, sie wieder zum Einstieg zu bewegen, hatte er in seiner Not die Polizei gerufen. Die Uniformierten besorgten sich ebenfalls Unterstützung, und zwar in Form eines flotten, eigens aus Lörrach herbeigeholten Alpaka-Hengstes, der die Lamadame zurück in den Wagen locken sollte. War es der hohe Erwartungsdruck, der auf dem Männchen lastete? Oder störten die vielen Zuschauer seine Annäherungsversuche? Was auch immer der Grund war, seine Verführungskünste scheiterten kläglich. Das ausgebüxte Lama zeigte ihm die kalte Schulter und blieb, wo es war. Als Nächstes kam eine Tierärztin des Basler Zoos zum Einsatz, die die Guanako-Dame schließlich mit einem Betäubungsgewehr artgerecht ins Reich der

Träume schickte. Derart außer Gefecht gesetzt, wurde das Lama nach mehreren Stunden zurück in den Transporter verfrachtet. Wie es dem Alpaka-Hengst nach der erteilten Abfuhr erging, ist nicht bekannt.

Kühe im Autohaus

An einem Nachmittag meldete ein Anrufer vier freilaufende Kühe. Und zwar ausgerechnet auf einer Hauptverkehrsstraße in Velbert (Nordrhein-Westfalen). Mit mehreren Einsatzfahrzeugen versuchte die Polizei, die Kühe in eine Sackgasse abzuleiten. Zunächst schienen die Rindviecher bereitwillig den Anweisungen der Beamten zu folgen, doch dann stürmten sie in geschlossener Formation in ein großes Autohaus direkt neben der Sackgasse. So leicht ließen sich die Polizisten allerdings nicht abschütteln. »Fakt ist, dass unsere couragierten Beamten die Flüchtigen mutig verfolgten und dingfest machen konnten«, betont der Bericht der Kreispolizeibehörde Mettmann. »Allerdings konnten sie nicht, wie unsere üblichen Festgenommenen, im eigenen Streifenwagen abtransportiert werden.« Da war guter Rat teuer, doch schließlich wurde der Besitzer der unternehmungslustigen Rindviecher erreicht. »Mit viel Engagement und Einfühlungsvermögen« wurden die Tiere davon überzeugt, das Autohaus zu verlassen und sich in das mobile Gatter des Landwirts zu begeben. Anschließend wurden sie wohlbehalten zu ihrer Weide zurückgebracht, wo die vier Ausreißer bestimmt viel zu erzählen hatten.

»Crocodile Dundee« in Uniform

Es war schon ein seltsamer Anruf, der bei der Polizeistation Lampertheim-Viernheim (Hessen) gegen 2 Uhr einging: Ein Krokodil laufe vor einem Motorradgeschäft in Groß-Rohrheim auf dem Gehweg herum. Obwohl sich die Beamten nicht sicher waren, ob es sich vielleicht um einen schlechten Scherz handeln könnte, rückte eine Streife aus, die sich an der angegebenen Stelle tatsächlich Auge in Auge mit einem echten, etwa einen Meter langen Krokodil wiederfand. Doch in jedem hessischen Polizisten steckt eben auch ein mutiger »Crocodile Dundee«. Mit reichlich Finesse, wie es im späteren Bericht hieß, schafften es die Beamten, das Reptil zu überlisten, es im Maulbereich zu fesseln und in Gewahrsam zu nehmen. Da Krokodile normalerweise in Groß-Rohrheim nicht zum alltäglichen Straßenbild gehören, vermutete die Polizei zu Recht, dass es ausgebüxt war, und suchte seinen Besitzer. Mit Erfolg. Am frühen Morgen stießen sie auf einen kleinen Zirkus, der in dem Ort gastierte, und übergaben das Tier in dessen Obhut.

LANGFINGER, KRUMME DINGER

Ein Fall von Selbstjustiz

Die Exekutive vollumfänglich bei ihrer Arbeit unterstützt hat ein Einbrecher in Göttingen (Niedersachsen). Bei dem Versuch, sich unerlaubten Zutritt in ein Geschäft zu verschaffen, blieb der alkoholisierte Mann in jenem Loch stecken, das er just zuvor eigenhändig in die Glastür geschlagen hatte. Ein Zeuge beobachtete sein dilettantisches Treiben und rief die Ordnungshüter. Die konnten den Einbrecher nicht zuletzt »dank seiner guten Mitarbeit« noch am Tatort festnehmen, wie die Polizei Göttingen in ihrer Pressemittelung festhielt.

Unglücklich gebettet

Mit mehr Gepäck abreisen, als er angekommen war, wollte ein 30-jähriger Mann in einem Mannheimer Hotel (Baden-Württemberg). Offensichtlich hatte der Gast die Nacht so bequem verbracht, dass er nicht ohne den Topper aus seinem Zimmer scheiden wollte. Beim Versuch, mit dem recht auffälligen Diebesgut das Hotel zu verlassen, wurde er vom Personal gestoppt. Zu seiner Verteidigung gab er an, dass seine eigene Matratze derzeit gereinigt werde und er dringend einen Ersatz benötigt hätte. Weder die Beamten noch die Hotelmitarbeiter ließen diese Begründung gelten und er musste das gute Stück wieder herausrücken. Stattdessen bekam er eine Anzeige wegen versuchten Diebstahls, wie das Polizeipräsidium Mannheim mitteilte.

Kommissar Zufall zur Stelle

Manchmal ist es eben Kommissar Zufall, der zur Aufklärung einer Straftat beiträgt. So auch bei den Ermittlungen des Polizeikommissariats Georgsmarienhütte (Niedersachsen) wegen des Diebstahls eines teuren Fahrrads. Einem 14-Jährigen war ein »Downhill-Freeride« im Wert von 4.500 Euro gestohlen worden. Da es keinerlei Hinweise auf den Täter gegeben hatte, war der Fall nach einigen Monaten zu den Akten gelegt worden. Doch dann stieß der Jugendliche selbst zufällig im Internet auf ein aufschlussreiches Video. Ein Mann hatte sich gefilmt, wie er durch diverse Osnabrücker Stadtteile fuhr, und zwar auf dem Rad, das der 14-Jährige eindeutig als sein gestohlenes Eigentum identifizierte. Immer mehr Sequenzen wurden auf der Social-Media-Plattform hochgeladen, die der Junge schnurstracks an die Behörden weiterleitete. Jedes Filmchen führte die Beamten näher zu dem Unbekannten, bis seine Identität und sein Aufenthaltsort feststanden. Als sie dem 26-Jährigen schließlich einen Besuch abstatteten, rückte dieser den wertvollen Drahtesel nur widerwillig heraus. Angeblich hatte er ihn von einem ihm völlig Unbekannten sehr, sehr günstig erworben. Natürlich war die Freude bei dem 14-jährigen Eigentümer groß, als er sein Mountainbike endlich wieder in Empfang nehmen konnte – auch wenn er sich nicht sofort auf den Sattel schwingen konnte, da das Rad doch einige Blessuren erlitten hatte. Gegen den 26-jährigen Osnabrücker hingegen wurde ein Strafermittlungsverfahren wegen des Verdachtes der Hehlerei eingeleitet.

Kalt erwischt

Die wenigsten können der Versuchung von Eiscreme widerstehen. So unterlagen auch drei Jugendliche in Bellheim (Rheinland-Pfalz) an einem schönen Tag im August 2022 dieser Verlockung. Eine Streife der Bundespolizei ertappte das Trio in flagranti, als es einen Eisautomaten plünderte. Die Diebe suchten ihr Heil in der Flucht, die allerdings nur zweien gelang. Der dritte blieb, wo er war. Allerdings nicht aus freien Stücken, sondern weil sein Arm im Ausgabefach feststeckte. Den zunächst geflohenen Tätern muss man zumindest in moralischer Hinsicht zugutehalten, dass sie sich zur Umkehr entschlossen, als sie das Malheur ihres Kumpels bemerkten. Neben 15 Packungen

Speiseeis wurden bei dem Trio allerdings noch andere, weitaus weniger harmlose Gegenstände gefunden, sodass nicht nur Ermittlungen wegen Diebstahls, sondern auch wegen Verstößen gegen das Betäubungsmittel-, Arzneimittel- und Waffengesetz eingeleitet wurden, wie die Polizeidirektion Landau mitteilte.

Ein Koloss auf Reisen

Also, dieses Diebesgut passt ganz sicher nicht in eine Hosentasche: Das Objekt krimineller Begierde war ein roter Autokran, genauer gesagt ein stolzer 48-Tonner mit vier Achsen im Wert von rund 200.000 Euro. Unbekannte Täter hatten sich den Koloss 2018 auf dem Betriebshof einer Firma in Stuttgart-Untertürkheim (Baden-Württemberg) im Schutz der Nacht unter den Nagel gerissen. Mit strammen 55 Stundenkilometern machten sie sich mit ihrer Beute auf die Flucht – mehr hatte der Kran schlicht nicht drauf. Trotzdem legte er eine erstaunlich weite Strecke zurück: Erst Monate später tauchte der rote Riese im Land der Götter und Pharaonen wieder auf, sprich in der ägyptischen Stadt Alexandria.

Schwanzloser Tiger

Ein etwa ein Meter großer Stofftiger, der auf der Bocholter Kirmes (Nordrhein-Westfalen) an einer Schießbude auf der Theke lag, erregte das Interesse eines Langfingers. Das fiel dem Schießbudenbesitzer auf, der die Raubkatze indes nicht kampflos aufgeben wollte. Sowohl der Dieb als auch der Eigentümer zerrten energisch an dem Plüschtier – bis es Ersterem gelang, mit dem Tiger das Weite zu suchen. Allerdings war der nicht mehr ganz vollständig, denn dessen Schwanz verblieb bei dem Budenbesitzer.

Nicht ganz sauber

Einen schweren Sauberkeitsfimmel muss man einem Dieb attestieren, der in einem Seniorenheim in Offenburg (Baden-Württemberg) innerhalb von drei Monaten sage und schreibe 500 Wischmopps stahl. Wie die Heimleitung verlauten ließ, werden in der hauseigenen Wäscherei jeden Tag etwa 300 der Wischlappen gewaschen. Daher sei der Diebstahl erst bei einer Bestandsaufnahme aufgefallen. Die Vermutung liegt nahe, dass der Täter beabsichtigt hatte, die gestohlene Ware im Wert von insgesamt 1.500 Euro weiterzuverkaufen.

Kies her!

Was dem einen der Wischmopp, ist dem anderen der Kies. Gemeint sind diese kleinen runden Steinchen, nicht etwa der Kies als saloppe Umschreibung für Bargeld. Kiesdiebe waren jedenfalls nächtens auf einem Kinderspielplatz in Hagen (Nordrhein-Westfalen) zugange. Von der Polizei auf ihr Verhalten angesprochen, gaben sich der 28 Jahre alte Mann und seine Schwiegermutter als Schatzsucher aus. Sie hätten für einen Kindergeburtstag ein Loch ausheben wollen, um darin eine Schatzkiste zu vergraben, das mit eben diesem Kies aufgefüllt werden sollte. Besagte Schatzkiste blieb allerdings verschollen. Dafür stießen die Ermittler in dem Auto des Verdächtigen auf vier bereits gefüllte Kieseimer und zudem auf die 55 Jahre alte Schwiegermutter, die sich zuvor vor den Beamten versteckt hatte.

Hungrige Diebe

Sehr hungrig müssen jene Täter gewesen sein, die nachts in eine Gaststätte im Bibliser Ortsteil Nordheim (Hessen) eindrangen. Mithilfe eines Stromaggregats bereiteten sie sich dort vier bis fünf Schnitzel und Burger zu, die sie allesamt einpackten, um sie an einem anderen Ort zu verspeisen. Immerhin erwiesen sich die Einbrecher als sehr ordnungsliebend und stellten die von ihnen benutzten Gerätschaften alle wieder an ihren angestammten Platz zurück.

Kohldampf plagte wohl auch die Gauner, die in Bochum (Nordrhein-Westfahlen) in eine Imbissbude einbrachen. Sie ließen nicht nur das Bargeld und ein Handy mitgehen, sondern rissen sich auch gleich noch 24 Tüten Pommes frites (à 2,5 Kilogramm), 600 Dosen Softdrinks, eine Kiste Bier und einen Mini-Kühlschrank unter den Nagel.

Hemmungslos griffen auch Unbekannte in Ostfildern (Baden-Württemberg) zu: Laut Polizeibericht rissen sie zunächst an einem Grillwagen die Verkaufsklappe auf, um sechs Getränkeflaschen und einen Spieß mit fünf schon fertig gegrillten Hähnchen zu entwenden. Damit nicht genug: Noch am Tatort bereiteten sie sich sechs Portionen Pommes zu, die sie in einem Fritteusenkorb mitnahmen. Um die Sache geschmacklich abzurunden, klauten sie zudem noch einen großen Salzstreuer und eine Flasche Ketchup. Von der Fressorgie blieben lediglich zwei Brathähnchen, der leere Fritteusenkorb und die Gewürzzutaten übrig, die am nächsten Tag von einer Spaziergängerin gefunden wurden.

Gierschlund

Nicht nur eine Streife der Polizei, sondern auch noch ein Rettungswagen musste bei einem Ladendiebstahl in einem Mindener Supermarkt (Nordrhein-Westfalen) anrücken, da ein Mann seine Beute allzu gierig verschlungen hatte.

Zunächst hatte er an der Fleischtheke ein Stück Hähnchen im Wert von sechs Euro geordert. Doch bereits auf dem Weg zur Kasse fing er an, das Fleisch zu verspeisen. Als ihn eine Angestellte aufforderte, die Ware erst zu bezahlen, stopfte er kurzerhand das gesamte Hähnchenstück auf einen Schlag in sich hinein. Dabei verschluckte er sich so heftig an einem Knochen, dass die Sanitäter hinzugerufen werden mussten.

Rabiate Thunfischesser

Rabiat verhalten hat sich ein Ladendieb, der in einer Bäckerei im Bremer Hauptbahnhof ein Thunfischbaguette und einen Multivitaminsaft entwendete. Ein Verkäufer verfolgte den Mann und bekam einen Schlag ins Gesicht. Der Ladenmitarbeiter muss ein kräftiger Typ gewesen sein, denn es gelang ihm dennoch, den gewalttätigen Kriminellen zu Boden zu ringen. Die Bahnhof-Security griff ein, und Bundespolizisten nahmen den 35-jährigen Straftäter fest. Er kassierte eine Strafanzeige wegen Diebstahls und Körperverletzung – und das alles wegen eines Mittagssnacks.

Noch kurioser verhielt sich ein hungriger Gauner im August 2017 in Hamm (Nordrhein-Westfalen). Der 45 Jahre alte Mann wurde dabei beobachtet, als er aus einem Supermarkt zahlreiche Dosen in einem Rucksack und Taschen trug. Als Passanten ihn festhalten wollten, riss er sich los und fuhr mit einem Damenrad davon. Auf der Flucht krachte er damit prompt gegen einen herbeieilenden Streifenwagen – Schaden 1.600 Euro. Die Diebesbeute: 50 Konservendosen mit Thunfisch. Was der unter Drogen stehende Mann mit dem fetten Fang vorhatte, blieb sein Geheimnis.

Pommestüte im XXL-Format

Die Polizei Herne (Nordrhein-Westfalen) musste anrücken, weil ein Mann eine 170 Zentimeter große Pommestüte aus Plastik geklaut hatte, die vor einem Imbiss die Aufmerksamkeit von Kunden erregen sollte. Der Täter, der sich recht schnell seines unhandlichen Beutestücks entledigt hatte, konnte gestellt werden. Bei der Durchsuchung des stark alkoholisierten jungen Manns entdeckten die Beamten zwei aus der Tüte herausgebrochene Pommesstäbchen im XXL-Format, die definitiv nicht zum Genuss geeignet waren. Unter dem wachen Auge des Gesetzes schleppte der Langfinger die Pommestüte wieder an den Ort zurück, wo sie hingehörte. Einer Anzeige entging er dennoch nicht.

Heiß begehrte Schokolade

Was zum Spielen, zum Essen – und zum Klauen: Das dachten sich wohl jene Einbrecher, die sich in Eberswalde (Brandenburg) zu einer Lagerhalle Zutritt verschafft hatten. Sie ließen zwei Lkw-Ladungen mit Euro-Paletten mitgehen, auf denen sich Überraschungseier befanden.

Überraschungseier werden nicht nur gerne entwendet, sondern auch zweckentfremdet. So entdeckte die Rüsselsheimer Polizei (Hessen) in der Wohnung eines Mannes verkaufsfertig abgepackte Drogen. Sichergestellt wurden mehrere Gramm Kokain, Speed und Haschisch – allesamt sorgfältig versteckt in Überraschungseiern. Wie passend, dass die Behörden den Dealer wiederum mit einem Haftbefehl überraschen konnten.

Die Kirschen in Nachbars Garten

Die Kirschen in Nachbars Garten schmecken bekanntermaßen immer süßer und sind deswegen heiß begehrt. Gleich 900 Kilogramm Kirschen wurden über Nacht von einer Obstwiese in Riegel am Kaiserstuhl (Baden-Württemberg) geklaut. Dabei erwiesen sich die Diebe als absolute Profis in Sachen Kirschenklau. Die Behörden vermuteten, dass sie zunächst Planen auslegten und dann die reifen Früchte von den Bäumen schüttelten, um sie abschließend mit einem Lieferwagen abzutransportieren. Ob das Steinobst sofort verkauft oder zu Schwarzwälder Kirschtorte oder Schnaps verarbeitet wurde, darüber lässt sich nur spekulieren.

Ungeduldiger Bankräuber

Rom ist nicht an einem Tag erbaut worden. Und auch ein Banküberfall braucht seine Zeit. Dies musste ein Räuber erfahren, der in Bielefeld (Nordrhein-Westfalen) aufgebracht mit der Waffe gegen einen der Kassencomputer schlug, weil es ihm mit der Geldübergabe nicht schnell genug ging. Ein schwerer Fehler, wie sich herausstellte. Denn mit dem Schlag löste er einen Totalausfall des Rechners aus, der daraufhin jegliche Herausgabe von Bargeld verweigerte. Der Räuber musste unverrichteter Dinge abziehen.

Privatermittler in Plüsch

Als kreativ erwies sich eine 27-jährige Mainzerin, die dummerweise ihren Schlüsselbund samt Briefkastenschlüssel verloren hatte. Das allein war schon ärgerlich genug, doch zu ihrem Leidwesen musste sie in der Folge feststellen, dass sie seit dem Verlust auch keine Post und keine Pakete mehr erhielt. Anders ausgedrückt: In ihrem Briefkasten herrschte fortan gähnende Leere, und der Verdacht lag nahe, dass er schlicht von jemand anders geleert wurde. Nur von wem? Um das herauszufinden, legte die Frau einen bemerkenswerten Einfallsreichtum an den Tag. Sie bestellte sich bei einem Onlineversandhandel einen Teddybären, den sie sich vom Zusteller persönlich übergeben ließ. Was dann folgte, war großes Kino. Sie öffnete kurzerhand eine Naht des Plüschtiers, versteckte einen GPS-Empfänger in seinem Innern und nähte es wieder sorgfältig zu. Nach getaner Arbeit steckte sie den Teddy wieder verpackt in ihren Briefkasten. Und siehe da: Zwei Tage später war er weg, die Falle konnte zuschnappen. Mit dem GPS-Empfänger ortete die Hobbydetektivin den Teddy in der Nachbarschaft und verständigte die Mainzer Polizei (Rheinland-Pfalz). Als eine Funkstreife die Wohnung des mutmaßlichen Diebs unter die Lupe nahm, sendete sie ein Signalton auf den GPS-Empfänger, worauf die Beamten ein Piepen aus dessen Abstellkammer vernahmen. Erfreuliches Fazit: Fall gelöst, Täter überführt, Teddy gerettet.

Vom Osterhasen überführt

Zu ungewöhnlichen Mitteln griff eine 65-Jährige im Gelsenkirchener Stadtteil Bismarck (Nordrhein-Westfalen). Nachdem in den Vorjahren mehrfach österliche Dekoration vom Grab ihres verstorbenen Ehemannes gestohlen worden war, stattete die Frau niedliche Osterhasen aus Ton mit Ortungsgeräten aus. Nachdem sie die Langohren an der Ruhestätte postiert hatte, dauerte es wie erwartet nicht lange, bis einer fehlte. Die Eigentümerin ortete den vermissten Gesellen über eine App in einer Kleingartenanlage unweit des Friedhofs. Polizeibeamte des Reviers Gelsenkirchen konnten daraufhin den Hasen samt angebrachtem GPS-Tracker auf dem Grundstück eines 72-Jährigen sicherstellen und das Diebesgut zurück an die Besitzerin geben. Der Gelsenkirchener musste sich nicht nur nach neuem Gartenschmuck umsehen, sondern bekam dazu noch eine Strafanzeige wegen Diebstahls.

Narretei

Eigentlich ist ein Narrenpolizist dafür zuständig, den Narren bei Umzügen den rechten Weg zu weisen. Doch wenn's sein muss, kann er durchaus auch bösen Buben das Handwerk legen. In Immenstaad (Baden-Württemberg) überführte ein solcher närrischer Polizist gleich zwei Diebe auf einen Streich. Zuvor hatte eine Frau beobachtet, wie das Gaunerduo Pakete vor einem Haus ungeniert aufriss und sich mit deren Inhalten auf und davon machte. Die Zeugin wandte sich kurzerhand an den Narrenpolizisten und gab ihm eine exakte Täterbeschreibung. Als ihm die Langfinger wenig später auf offener Straße begegneten, bat er umgehend seine »Kollegen« von der echten Polizei um Amtshilfe, bevor er selbst die Verfolgung aufnahm. Dank seines beherzten Einsatzes konnten die Beamten das Duo festnehmen und das Diebesgut sicherstellen.

Asche aufs Haupt

Mehr als zerknirscht zeigten sich jene Täter, die in einem Tierpark in Recklinghausen (Nordrhein-Westfalen) zwei Meerschweinchen hatten mitgehen lassen. Nicht nur, dass sie die kleinen Nager wohlbehalten zurückbrachten, nein, sie hinterließen auch noch ein anonymes Entschuldigungsschreiben. Das Geschehene täte ihnen sehr leid, zumal sie zu keinem Zeitpunkt die Absicht gehabt hätten, jemandem zu schaden, schon gar nicht den Tieren, stand darin. Den Meerschweinchen sei es die ganze Zeit gut gegangen. Sie bedauerten diese Schnapsidee, die offensichtlich nach übermäßigem Alkoholgenuss zustande gekommen war. Als Zeichen der Reue hatten die Unbekannten einen Geldschein dazugelegt, um den Schaden zu begleichen, den sie bei der

Entführung verursacht hatten. Die Wiedergutmachung und Entschuldigung führten natürlich nicht zur Einstellung der Ermittlungen, sie wurden aber in der Akte für die Staatsanwaltschaft ausdrücklich vermerkt, so das Polizeipräsidium Recklinghausen.

Pack die Badehose ein

Vor dem Saunabesuch fallen bekanntermaßen die Hüllen. So entledigte sich auch ein Mann in Fellbach (Baden-Württemberg) seiner Badehose, bevor er sich dem schweißtreibenden Vergnügen hingab. Doch als er aus dem Dampfbad kam, hatte er ein Problem: Jemand hatte seine Badehose im Wert von 120 Euro entwendet und den Mann hüllenlos zurückgelassen.

Ebenfalls auf Badebekleidung abgesehen hatte es ein Gauner im Erlebnisbad Titisee-Neustadt (Baden-Württemberg). Pech für ihn, dass er bei seinem Treiben von einem Mann und dessen Freundin beobachtet wurde, deren Bikinioberteil ebenfalls geklaut worden war. Noch größer dürfte seine Überraschung gewesen sein, als er an Ort und Stelle festgenommen wurde – und zwar von einem Polizeihauptkommissar aus Stuttgart, der sich zur selben Zeit mit einigen Kollegen im Erlebnisbad aufhielt. Insgesamt acht Bikiniteile wurden schließlich im Spind des Diebes aufgefunden – unter anderem das einer Polizistin. Die Damen bekamen ihre Badebekleidung zurück, der Schaden belief sich auf rund 200 Euro.

Schrauben in der Keksdose

Eine Schraube locker hatte offensichtlich ein Einbrecher, der in Wehr (Baden-Württemberg) in das Gartenhäuschen einer Frau eindrang. Hatte er es auf die dort gelagerten 15 Dosen mit selbst gebackenen Weihnachtsplätzchen abgesehen? Mitnichten. Vielmehr öffnete er die Box mit den Mandelsplitterkeksen und legte mitgebrachte alte Schrauben hinein. Die Bäckerin musste daraufhin die oberste Lage mit Zartbitter- und Vollmilch-Schokolade in den Müll werfen, der Sachschaden betrug 5 Euro. Die anderen 14 Dosen blieben von unerwünschten Zutaten verschont.

Kartoffeldiebe

Für die Schüler einer Grundschule im Bielefelder Ortsteil Theesen (Nordrhein-Westfalen) sollte es ein besonderer Tag werden, an dem sich alles rund um die Kartoffel dreht. Zu diesem Zweck hatten die Betreiber eines Hofladens bei der Ernte eigens eine Reihe der leckeren Knollen auf ihrer Ackerfläche stehenlassen, die von der Klasse hätte geerntet werden sollen – nützliche Informationen über die Kartoffel im Allgemeinen und Speziellen inklusive. Doch bei der Ankunft am Acker mussten die Beteiligten feststellen, dass jemand schneller gewesen war. Die Reihe war komplett abgeerntet; rund 400 Kilogramm Kartoffeln mit einem Verkaufswert von 560 Euro waren verschwunden. Lediglich eine kleine Schaufel wurde gefunden, die die Diebe am Tatort zurückgelassen hatten.

Sag es durch die Blume

Auf Blumen, die auf einer Mauer vor einer Eisdiele in Bad Iburg (Niedersachsen) standen, hatten es unbekannte Täter abgesehen. Sie ließen zwei Kästen mitsamt den blühenden Sommerpflanzen mitgehen. Es machte die Sache nicht besser, dass sie einen ähnlichen Blumenkasten mit verblühten Pflanzen am Tatort zurückließen.

Klappe zu, Täter weg

So ein Altkleider-Container kann tückisch sein. Das musste auch ein Mann erfahren, der in Brackwede (Nordrhein-Westfalen) von Zeugen beobachtet wurde, wie er kurz vor Mitternacht seinem Komplizen diverse Kleidungsstücke aus einem selbigen herausreichte. Als die Polizei eintraf, war zunächst keiner der Täter mehr zu sehen – was einen bestimmten Grund hatte, denn einer der Diebe steckte im Inneren des Containers fest. Er musste sich von den Beamten heraushelfen lassen, was für ihn vermutlich recht unangenehm war.

Schwergewichtiges Diebesgut

Nomen est omen: Das musste 2018 auch der *Große Bedrohte* erfahren, eine fast 200 Kilogramm schwere Bronzefigur, die den Weinpanoramaweg am Heilbronner Wartberg (Baden-Württemberg) schmückte. Von Unbekannten von seinem Sockel gestoßen, wurde er oberhalb der Knöchel abgesägt und abtransportiert. Lediglich seine Füße blieben am Tatort zurück. Die Täter hatten den Diebstahl gut vorbereitet, denn schon im Vorfeld war der *Große Bedrohte* bereits ein Stück verschoben worden. Das war durchaus aufgefallen, allerdings wähnte man das Schwergewicht dennoch nicht in Gefahr, 200 Kilogramm müssen schließlich erst einmal gestemmt werden. Was die Täter nicht davon abhielt, die schwere Skulptur im Wert von mehreren Tausend Euro mitgehen zu lassen.

An den Falschen geraten

Damit hatten die beiden Diebe, die im Hamburger Stadtteil St. Pauli zugange waren, sicher nicht gerechnet. Als sie gegen 4.50 Uhr einen Mann »versehentlich« anrempelten, um ihm die Umhängetasche zu entwenden, erlebten sie eine böse Überraschung. Bei ihrem Opfer handelte es sich um einen Zivilfahnder, der zu dieser frühen Morgenstunde auf der Straße seinen Dienst versah. Für den Beamten war es ein Leichtes, den Taschendieb zu schnappen. Auch der zweite Täter kam nicht weit. Vielmehr ging er dem Kollegen des Zivilfahnders ins Netz, der den Vorfall beobachtet hatte. Ein Musterbeispiel guter Zusammenarbeit. Zumindest seitens der Polizei.

Diebstahl im Doppelpack

Kurioser als erwartetet entwickelte sich ein Diebstahl in Kassel-Bettenhausen (Hessen). Zunächst erstattete am frühen Nachmittag eine 34-jährige Frau auf dem Revier Anzeige. Sie hatte eine Tasche mit Bekleidung nebst anderen Einkäufen im Eingangsbereich des Geschäfts deponiert, doch als sie sie wieder holen wollte, war sie weg. Allerdings gab es eine Spur, denn die Videokamera des Supermarkts hatte den Diebstahl aufgezeichnet. Und wie es der

Zufall so wollte – kurz nach ihrem Besuch bei der Polizei meldete sich die 34-Jährige erneut, weil sie den Übeltäter am Bettenhäuser Dorfplatz wiedererkannt hatte. Sofort rückte eine Streife aus und fühlte dem Verdächtigen auf den Zahn. Der 54-Jährige gab zu, die Tasche geklaut und an einer Straßenbahnhaltestelle abgestellt zu haben. Allerdings war sie dort nicht mehr auffindbar, da sich jemand anders ihrer angenommen hatte. Damit war die Geschichte jedoch noch lange nicht zu Ende. Denn seitens des Supermarkts war zwischenzeitlich ein weiterer Diebstahl entdeckt worden. Die Polizei sichtete daraufhin die Aufzeichnungen der Videokamera, die deutlich zeigten, wie eine Frau diverse Waren in ihrem Rucksack versteckte und anschließend das Geschäft verließ – ohne zu bezahlen. Und jetzt kommt's: Die ertappte Ladendiebin war keine Geringere als die als Diebstahlopfer bekannte 34-jährige Frau, so das Polizeipräsidium Nordhessen. Sie war just in der Zeit bestohlen worden, als sie sich selbst an fremdem Eigentum bedient hatte.

Zeichen setzen

Nur noch den Kopf schütteln kann man bei der Aktion eines 23-Jährigen in Göttingen (Niedersachsen), der ein Tempo-30-Schild von einem Mast abmontiert und gestohlen hatte. Der angetrunkene Mann war auf einen Barhocker geklettert und hatte in seinem Bemühen, das Verkehrsschild abzubauen, nicht bemerkt, dass er von einem

Anwohner beobachtet wurde. Die alarmierte Funkstreife traf kurz darauf ein, allerdings war inzwischen der Vandale mitsamt Barhocker und Verkehrszeichen verschwunden. Dennoch waren die Beamten nicht vergebens gekommen. Noch während der Zeuge befragt wurde, kehrte der Schilderdieb mit einer Metallleiter zurück, um sich weiterer Verkehrszeichen zu bemächtigen. Die Polizisten konnten zunächst selbst nicht glauben, was sich vor ihren Augen auf der anderen Straßenseite abspielte: Um möglichst unverdächtig zu erscheinen, kletterte der Mann immer wieder von der Leiter herunter oder gab vor zu telefonieren, sobald sich ein Fahrzeug näherte. Einige Sekunden ließen die Ordnungshüter dem Schauspiel seinen Lauf, bevor sie den unter Alkoholeinfluss stehenden Göttinger stellten. Auf frischer Tat ertappt, gestand der Schilderdieb schließlich und führte die Beamten zu seiner privaten Schatzkammer – einen Partykeller, wo das gestohlene Verkehrszeichen sichergestellt werden konnte.

»Sonst kommt dich der Jäger holen!«

War es etwa der Fuchs, der die Gans gestohlen hatte? Die *Goldene Gans,* die in vier Metern Höhe die Fassade des ältesten Hauses von Klagenfurt (Kärnten, Österreich) zierte, war 2016 sang- und klanglos verschwunden. Niemand dachte sich zunächst etwas Böses dabei, denn die

Anwohner gingen davon aus, dass das bekannte Wahrzeichen der Stadt zu einem Restaurator gebracht worden war, wie österreichische Medien berichteten. Ein gewaltiger Irrtum, wie sich herausstellte. Unbekannte hatten sie schlicht geklaut. Doch dann tauchte der vergoldete Messingvogel völlig unverhofft wieder auf, und zwar im Rehgehege eines Grazer Tierheims – mit einem Zettel auf der Brust, auf dem geschrieben stand: »Sonst kommt mich der Jäger holen, go vegan Klagenfurt«. Ob die Aktion den einen oder anderen Klagenfurter zum Fleischverzicht angeregt hat, bleibt offen.

Karl der Große entwaffnet

Wir erinnern uns: Karl der Große war von 768 bis 814 König des Fränkischen Reichs, das er dank diverser Feldzüge beträchtlich erweitern konnte. Ihm zu Ehren wurde ein Denkmal auf der Alten Brücke in Frankfurt am Main (Hessen) errichtet. 2020 wurde festgestellt, dass der deutsche Kaiser in gewisser Weise entwaffnet wurde, denn an dem 1,40 Meter großen Schwert, das er in der Hand hielt, fehlte plötzlich die Bronzeklinge. Nachdem Karl monatelang wehrlos dastand, erhielt er 2021 seine Waffe zurück – mit einer Klinge aus Holz, um nicht erneut Begehrlichkeiten zu erwecken.

Schweres Geschütz

Der Zwerg aus Beton, der auf einem unbenutzten Grundstück in Erfde (Schleswig-Holstein) Wache hielt, war zwar mit einem Schwert bewaffnet, hatte aber dennoch keine Chance. Denn nicht nur er, sondern auch die Replika einer Schiffskanone aus dem 18. Jahrhundert wurden 2022 schlichtweg geklaut. Während das Geschütz mehrere Hundert Kilo auf die Waage brachte, wog der Zwerg immerhin rund 25 Kilogramm. Wie die zwei Schwergewichte unbemerkt von ihrem Standort auf einer Insel inmitten eines Teiches abtransportiert werden konnten, wird wohl für immer ein Geheimnis bleiben. Was die Sache jedoch besonders pikant machte: Die Kanone war vermutlich noch schussfähig, was wiederum den Tatbestand »schwerer Diebstahl von Waffen« erfüllte, wie die Polizei Flensburg mitteilte.

Zwergenaufstand

Jedes Kind weiß: Zwerge leben hinter den sieben Bergen. Doch manche tauchen unverhofft an anderer Stelle wieder auf. In Bad Segeberg (Schleswig-Holstein) versammelten sich über Nacht kleine bärtige Männer mit roten Zipfelmützen spontan in einem Vorgarten – zur Überraschung der Hausbewohner, die von den Umzugsplänen der Zwerge nichts gewusst hatten. Leider führten die Märchenfiguren keine Ausweise mit sich, weshalb die Polizei eingeschaltet wurde, um Näheres über ihre Herkunft zu erfahren.

Verschmähter Wichtel

Ein vermutlich verwirrter Mann sorgte in Hann (Niedersachsen) für allerlei Irritationen. Während er durch die Gärten streifte, sammelte er alle möglichen Gegenstände ein, um sie anschließend wahllos zu verteilen. Die herbeigerufene Polizei schaffte es zwar, die jeweiligen Eigentümer zu ermitteln, nur ein Fall blieb im Dunkeln: Kein Mensch erhob Anspruch auf einen Gartenzwerg mit blauer Mütze. Waren seine Besitzer froh, ihn endlich losgeworden zu sein? Hüllten sie sich deshalb in Schweigen? Wer weiß. Jedenfalls zeigten die Polizisten ein Herz für den verschmähten Wichtel und brachten ihn auf der Wache unter – mit dem Hinweis, dass er dort jederzeit abgeholt werden könne. Sicherheitshalber erinnerte sie gleich noch daran, dass sich das Dienstgebäude nicht hinter den sieben Bergen befände.

Die »Coolmen«-Truppe

Was haben geklaute Gartenzwerge mit Politik zu tun? Jede Menge, wie folgender Fall zeigt, der international für Schlagzeilen sorgte. Aber von Anfang an. Vor der Landtagswahl 2014 beschloss die *SPÖ Vorarlberg* (Österreich), mit Gartenzwergen anstatt Plakaten um die Wählergunst zu buhlen. Also wurden 20.000 der Wichtel bestellt; 1.000 sollten im ganzen Land aufgestellt, der Rest verschenkt werden. Doch dann ging eine Vermisstenmeldung ein: Zwischen Rankweil und Bregenz waren 400 Zwerge abhandengekommen. Hatten sie sich unerlaubt von ihrem Einsatzort entfernt? Handelte es sich um einen Fall von Kidnapping? Oder war es vielmehr ein politischer Gegner, der zugeschlagen hatte, wie es die SPÖ vermutete und zur Anzeige brachte? Der Fall schlug jedenfalls unerwartet hohe Wellen, denn plötzlich berichteten Medien in aller Welt über das Verschwinden der Wichtel, während die Polizei wegen Diebstahls ermittelte. Die »Coolmen«, wie die Gnome aufgrund ihrer Sonnenbrillen auf den Stupsnasen bezeichnet wurden, hielten sich indes aus den politischen Querelen heraus und blieben in Deckung. Und irgendwann wurde der massive Zwergenschwund schlicht zu den Akten gelegt.

Fremde Beine

Wenn ein Mann mit den Beinen einer Schaufensterpuppe unter dem Arm unterwegs ist, erregt er eine gewisse Aufmerksamkeit. Umso mehr, wenn die Beine in auffällig glitzernden Leggins stecken. Das musste auch ein Ladendieb in Bielefeld (Nordrhein-Westfalen) erfahren, der seine Beute stolz an einer Bushaltestelle präsentierte, bevor er die Leggins abstreifte und das Etikett entfernte. Während er das Kleidungsstück in seinem Rucksack verstaute, entsorgte er die Beine in einer Streugutkiste, wo sie nun wirklich nicht hingehörten. Von einer Zeugin verständigt, knöpften sich Polizisten den angetrunkenen 31-Jährigen vor. Der Geständige rückte das gestohlene Kleidungsstück wohl oder übel wieder heraus. Anschließend sammelten die Beamten die Beine der Puppe wieder ein und brachten sie samt der Leggins zurück ins Modegeschäft.

Der Löwe ist los!

Als Tiere verkleidete Menschen sind weder auf einer Theaterbühne noch während Fasching etwas Besonderes. Anders sieht die Sache jedoch aus, wenn mitten im Wonnemonat Mai ein als Löwe kostümierter Mann auf einem E-Roller mitsamt einem Päckchen munter über den Bahnsteig brettert.

Das befand auch eine Streife der Bundespolizei München (Bayern), die den Wildfang stoppte. Es stellte sich heraus, dass er den Roller geklaut hatte. Der Mann wurde daraufhin in voller Montur zur Wache gebracht und sein Paket näher in Augenschein genommen. Und siehe da, der Löwe schien sehr durstig gewesen zu sein: Zum Vorschein kamen sechs 1,75-Liter-Wodkaflaschen sowie vier Aperol-Flaschen im Wert von rund 550 Euro. Weitere Ermittlungen führten die Beamten schließlich zu einem Münchner, der in einem Club in der Altstadt arbeitete. Der gab an, dass ihm der Roller nebst Paket einen Tag zuvor entwendet worden war. Bestätigt wurde der hochprozentige Verlust vom Clubbetreiber. Nicht geklärt werden konnten indes die Herkunft des Kostüms und die nicht ganz unberechtigte Frage, warum der Dieb dieses auffällige Outfit gewählt hatte.

Uschi verzweifelt gesucht

Mit einem kuriosen Fall musste sich die Polizei in Celle (Niedersachsen) beschäftigen. Mitarbeiter eines Arbeitsbühnenverleihs meldeten das Verschwinden von Uschi. Genau, Uschi. So hieß nämlich die lebensgroße Schaufensterpuppe in Arbeitsmontur, die zu Werbezwecken auf einer Hebebühne in mehreren Metern Höhe auf dem Betriebsgelände aufgestellt worden war. Obwohl fieberhaft nach ihr gefahndet wurde, blieb Uschi verschwunden. Da bleibt nur zu hoffen, dass sie ein schönes neues Zuhause gefunden hat.

Mops gemopst

Waldmops Nr. 20, aufgestellt zu Ehren des berühmten Humoristen Loriot, ist im Sommer 2022 in Brandenburg an der Havel spurlos verschwunden. Das bronzene Tierchen ist jedoch nicht entlaufen, sondern wurde von Unbekannten geklaut.

Wobei besagter Waldmops mit dem lustigen Geweih nicht der erste Mops war, der plötzlich Beine bekommen hatte. Zwei Jahre nach dem Tod von Vicco von Bülow alias Loriot hatte die Stadt Stuttgart (Baden-Württemberg) zu seinem Gedenken eine Stele am Eugensplatz aufgestellt, an dem der Künstler als Kind gewohnt hatte. Als Ausdruck tiefer Verehrung und »um dieser großen Persönlichkeit gerecht zu werden«, hatten die Betreiber eines Blogs zusätzlich in einer Nacht-und-Nebel-Aktion eine an eine ionische Säule gemahnende Stele zum Gedenken an den bekannten Humoristen auf dem Stuttgarter Eugensplatz aufgestellt. Und diese 27 Zentimeter große Skulptur war eines Tages plötzlich weg. War sie dem seinerzeit wütenden Tief Xaver zum Opfer gefallen, wie viele vermuteten? Denn sturmsicher montiert war der Mops nicht gewesen, da dies behördlicherseits »wiederum als Sachbeschädigung« gewertet worden wäre. Als die Polizei erfuhr, dass das goldene Hündchen keinen ursprünglichen Teil des Denkmals bildete, stellte sie die Ermittlungen ein, und der Mops blieb verschwunden. Doch die Landeshauptstadt sollte nicht mopslos bleiben. Die *Stuttgarter Zeitung* rief eine Spendensammlung ins Leben, die knapp 6.000 Euro einbrachte. Der Stuttgarter Bildhauer Uli Gsell, der bereits die Säule gestaltet hatte, wurde daraufhin beauftragt, diese nun mit einem Bronzemops zu krönen.

Der Künstler ließ sich nicht zweimal bitten und montierte die Figur auf der Stele, diesmal diebstahlsicher: fest verankert, eingemörtelt und verdübelt. In einer als »Flashmops« angekündigten Gedenkfeier wurde bei Blasmusik und Gratiseis der Bronzemops feierlich vom damaligen Oberbürgermeister Fritz Kuhn enthüllt und in Erinnerung an die »heiteren Momente« Loriots den Stuttgartern übergeben. Immerhin wusste schon Loriot: »Ein Leben ohne Mops ist möglich, aber sinnlos.«

Schade nur, dass sich diese Erkenntnis nicht bis zu den Dieben des *Waldmopses Nr. 20* herumgesprochen hat, denn dieser blieb bis zum heutigen Tag verschollen.

Leergut

Harte Arbeit führt nicht immer zum Ziel. Davon können unbekannte Einbrecher in Kornwestheim (Baden-Württemberg) ein Liedchen singen. Nachdem die Täter sich über eine Nebentür gewaltsam Zugang zum Ladenraum einer Bäckerei verschafft hatten, stahlen sie zunächst aus der Kasse einen kleineren Bargeldbetrag. Die größere Beute aber witterten sie offenbar in dem rund 600 Kilogramm schweren Tresor, an dem sie sich mit viel Anstrengung zu schaffen machten und ihn schließlich mit einem geeigneten Fahrzeug abtransportierten. Allerdings dürften die Diebe wenig Freude daran gehabt haben – der Geldschrank war nämlich leer.

Alles für die Tonne

Mit erheblichem Kraftaufwand gelang es einem Kleinganoven, den Nebeneingang einer Gaststätte in Owen an der Teck (Baden-Württemberg) aufzustemmen. Nachdem er die massive Tür endlich überwunden hatte, musste er zu seiner grenzenlosen Enttäuschung feststellen, dass er als Lohn für seine Mühen im Müllsammelraum des Lokals gelandet war. Den Unrat zu entsorgen, daran zeigte er kein Interesse und zog unerkannt wieder von dannen.

Wer zu spät kommt, den bestraft das Leben

Endlich reich! Den Coup seines Lebens glaubte ein Mann aus Brandenburg gemacht zu haben. Nur fünf Tage nach der Währungsunion im Juli 1990 überfiel er eine kleine Sparkassenfiliale in Herzfelde bei Berlin. Der Raubzug gelang ihm auch, und die Beute konnte sich durchaus sehen lassen – war allerdings völlig wertlos: 2.200 Ostmark.

Verwechslungsgefahr

Ein ebenso fatales wie amüsantes Missgeschick unterlief unbekannten Tätern, die im Sommer 2013 in der Kaiserstuhlgemeinde Jechtingen (Baden-Württemberg) einen Geldautomaten stehlen wollten. Und zwar auf die bewährte rabiate Weise, die sie bereits in der vergangenen Silvesternacht mit Erfolg in einem Endinger Lebensmittelmarkt praktiziert hatten: mit einem 7,5 Tonnen schweren Kleintransporter mit Karacho rückwärts durch die Scheibe, den Apparat mit Spanngurten festgezurrt und mit brachialer Gewalt aus der Verankerung gerissen. Der Zeitpunkt war in jener Nacht gut gewählt, im Silvesterlärm ging die lautstarke Aktion unter.

Nicht ganz so erfolgreich sollte der Raubzug ein paar Monate später verlaufen. Der angerichtete Schaden war zwar ebenso immens und der geraubte Automat blieb ebenfalls verschwunden. Die überfallene Bank konnte den Verlust jedoch verschmerzen – die Täter hatten in der Eile den Kontoauszugsdrucker anstelle des Geldautomaten mitgehen lassen.

Eindeutig überführt

Ziemlich nervös muss der Einbrecher gewesen sein, der in Reichenbach an der Fils (Baden-Württemberg) an einem Zweifamilienhaus die Terrassentür eingeschlagen hatte, um in die Erdgeschosswohnung zu gelangen. In der Küche wurde er fündig: In einer Dose befand sich rund 100 Euro Bargeld. Er nahm die Beute an sich und schleunigst Reißaus. Dummerweise hatte er in der Eile seinen Geldbeutel samt Ausweis am Tatort zurückgelassen. Als der Inhaber der Wohnung am Abend heimkam und den Einbruch bemerkte, stieß er auf das zurückgelassene Beweismaterial und alarmierte die Polizei. Damit die Beamten nicht lange suchen mussten, ließ er die Haustür für sie offen stehen. Doch der Täter war schneller und stand plötzlich im Zimmer, um sein Eigentum einzufordern. Der Bestohlene war so couragiert, den Ganoven festzuhalten, bis ihn die kurz darauf eintreffenden Polizisten festnehmen konnten.

Bitte recht freundlich!

Exzellent getroffen wurde ein Handtaschenräuber in Bonn (Nordrhein-Westfalen), dem eine 83-Jährige zum Opfer fiel, während sie in einem Fotoautomaten Passbilder von sich machen ließ. Der junge Mann steckte seinen Kopf genau im richtigen Moment in die Kabine – die Kamera löste aus und lieferte den hinzugerufenen Beamten ein ausgezeichnetes Fahndungsfoto.

Schnell hatte die Polizei auch die Identität jenes Bundeswehrsoldaten ermittelt, der mit Strumpfmaske eine Bank überfallen hatte. Trotz der raffinierten Maskierung verriet das gut lesbare Schild auf seiner Uniform seinen Namen.

Alter schützt vor Torheit nicht

Er lebte in Saus und Braus. Übernachtungen in Hotels, teures Auto, edler Zwirn – alles nur vom Feinsten. Der Luxus war zu verlockend. Er konnte es einfach nicht lassen. Dumm nur, wenn irgendwann das Geld ausgeht. Aber auch das sollte für einen 80-Jährigen kein unüberwindbares Problem darstellen. Schließlich verfügte er über jahrzehntelange Erfahrung in der Geldbeschaffung. Drohte ihm ein jäher Liquiditätsverlust, pflegte der rüstige Rentner in den nächsten Supermarkt zu gehen, an der Kasse einen billigen Artikel vorzulegen und dann die Waffe zu ziehen, eine Softairpistole, die einem echten Revolver zum Verwechseln ähnlich sah. Auf diese Weise hatte er sich im Laufe der Zeit ein erkleckliches Auskommen gesichert. Sein letzter Raubzug allerdings schlug fehl.

Die Kassiererin, die er in bewährter Manier bedrohte, hielt das Ganze nämlich für einen schlechten Scherz. Das Missverständnis rührte wohl daher, dass sie der deutschen Sprache nur unzureichend mächtig war und schlicht und einfach nicht verstanden hatte, warum da ein älterer Herr mit einer Spielzeugpistole vor ihrer Nase herumfuchtelte. Als dann noch eine kräftig gebaute Kundin hinzueilte und den verhinderten Räuber kurzerhand aus dem Laden warf, hatte dessen Ganovenkarriere ein jähes Ende gefunden.

Der folgende Prozess vor dem Landgericht Konstanz (Baden-Württemberg) dauerte nicht lang. Die Verteidigerin beschrieb ihren Klienten als einen einsamen, hilflosen Senior. Er habe sein Leben einfach nicht mehr unter Kontrolle gehabt. Nach langer Haft plötzlich auf der Straße zu stehen und nicht weiterzuwissen – ein hartes Los, wie die

Rechtsanwältin meinte. Das Gericht sah das anders und folgte der Forderung der Staatsanwaltschaft: sechs Jahre und neun Monate Gefängnis. Das Urteil sei noch milde, wie der Vorsitzende Richter betonte, und nur durch das hohe Alter des Täters zu rechtfertigen. Zudem gab er der Hoffnung Ausdruck, dass dies dessen letzter Auftritt vor Gericht war.*

Noch ungeschickter stellte sich ein betagter Ganove in den USA an. Nach einem ereignisreichen Leben wollte Bob Stackowitz aus dem Bundesstaat Connecticut 2016 endlich den wohlverdienten Ruhestand antreten. Der Rentenantrag war schon eingereicht, nur hatte der Senior eine Kleinigkeit übersehen: seine Verurteilung im Jahr 1966 zu 17 Jahren Haft wegen Raubes. Abgesessen hatte er davon nur zwei, bevor ihm die Flucht aus dem Knast gelungen war. Damals war er in der glücklichen Lage gewesen, seine Strafe im Arbeitsdienst außerhalb des Gefängnisses verbüßen zu können. Mit einem Fluchtwagen verschwand er auf Nimmerwiedersehen von der Bildfläche – und laut der *New York Times* allmählich aus den Augen der Behörden.

Fast 50 Jahre lang war es ihm gelungen, in seiner Heimat Connecticut unterzutauchen. Unter dem Namen Bob Gordon baute er sich in einer Kleinstadt eine neue Existenz auf, reparierte Motorboote und kaufte sich ein Haus. Von den Behörden unbehelligt, führte er das Leben eines biederen Kleinbürgers – bis zu dem Tag seines Ruhestands. Um den ihm rechtmäßig zustehenden Rentenanspruch geltend machen zu können, reichte der mittlerweile 71-Jährige den Antrag ein, und zwar unter seinem richtigen Namen: Bob Stackowitz. Ein fataler Fehler. Nicht lange, und die auf-

* https://www.kleinezeitung.at/international/5005463/Mehrere-Raubueberfaelle_80Jaehriger-muss-mehrere-Jahre-ins-Gefaengnis, zuletzt aufgerufen im April 2023

merksam gewordenen Behörden standen in Gestalt mehrerer Bundesagenten vor seiner Tür. Allzu überrascht war Stackowitz allerdings nicht. »Ich wusste, dass dieser Tag kommen würde«, soll er der Polizei gestanden haben. Seine langjährige Lebensgefährtin hingegen fiel aus allen Wolken. Laut der *New York Times* habe sie erst nach dessen Festnahme von den Vorstrafen und dem Gefängnisausbruch ihres Partners erfahren.*

Liebe macht blind

Liebe macht blind – und zuweilen leichtsinnig. Davon kann ein per Haftbefehl gesuchter Straftäter aus Schwerin (Mecklenburg-Vorpommern) ein Liedchen singen. Der 38-Jährige konnte einem Profilbild nicht widerstehen, das er auf einem Handy entdeckt hatte, das er kurz zuvor aus einem Transporter gestohlen hatte. Da die junge Dame auf dem Foto so schön war, packte er die Gelegenheit beim Schopfe. Er nahm Kontakt zu ihr auf und verabredete sich mit ihr für ein Treffen an einer Straßenbahnhaltestelle. Eine Kleinigkeit allerdings hatte er im Liebesrausch übersehen: Bei der abgebildeten jungen Frau handelte es sich um die Lebenspartnerin des bestohlenen Handybesitzers. Sie sah nicht

* https://www.nytimes.com/2016/06/04/nyregion/a-small-town-residents-secret-for-48-years-he-was-a-fugitive.html, zuletzt aufgerufen im April 2023, und: https://www.spiegel.de/panorama/justiz/usa-rentenantrag-wird-ausbrecher-nach-48-jahren-zum-verhaengnis-a-1095924.html, zuletzt aufgerufen im April 2023

nur gut aus, sondern war auch clever und stellte dem Dieb eine Falle. So gesellten sich zu dem vereinbarten Stelldichein auch Beamte der Polizeiinspektion Schwerin und nahmen den verhinderten Romeo fest.

Die Tücken der Technik

Moderne Autoradios sind heutzutage elektronisch gegen Diebstahl gesichert. Das hielt einen 44-Jährigen jedoch nicht davon ab, sich umgehend in ein Autohaus in Göttingen (Niedersachsen) zu begeben, um den Code für sein gesperrtes Radio samt integriertem Navigationsgerät zu erfragen. Allerdings wussten die Angestellten bereits, dass besagtes Gerät geklaut war, und übergaben den Hehler der Polizei.

Stehlen will gelernt sein

In Tübingen (Baden-Württemberg) haben sich drei Gauner bei ihren Raubzügen ziemlich dilettantisch angestellt. Das untalentierte Trio glaubte, endlich ein lukratives Geschäftsmodell gefunden zu haben, indem es als Subunternehmer der *Deutschen Post* die Paketauslieferung in einem Tübinger Bezirk übernahm. Damit sich der zeit- und arbeitsaufwendige Transportdienst auch wirklich lohnte, machten es sich die 20, 31 und 37 Jahre alten Männer zur Gewohnheit, aus den ihnen anvertrauten Paketen Wertsachen zu stehlen, sobald sie auf eine vielversprechende Sendung gestoßen waren. Zwar wurden dem zuständigen Paketzentrum von den Adressaten immer wieder Diebstähle und Schäden gemeldet, die Polizei tappte jedoch zunächst im Dunkeln.

Doch das Ganoventrio brachte die Lösung dankenswerterweise selbst ans Licht. Nach dem Diebstahl antiker Münzen kam den Männern die glorreiche Idee, die Beute höchstpersönlich ausgerechnet demjenigen Händler zum Kauf anzubieten, der die wertvollen Prägungen einige Tage zuvor per Post verschickt hatte. Der numismatisch versierte Kaufmann erkannte seine Ware auf Anhieb wieder und alarmierte postwendend die Polizei. Zwei der verhinderten Hehler wurden noch im Laden festgenommen. Der dritte wurde bei der Durchsuchung einer Wohnung überführt, in der auch ein nicht unerheblicher Teil des weiteren Diebesguts sichergestellt werden konnte, vor allem Armbanduhren und Handys, wie der Pressemitteilung des Präsidiums Reutlingen zu entnehmen war.

Es ist nicht alles Gold, was glänzt

Einem Jugendlichen wurde zur Last gelegt, die Sparkasse Göttingen (Niedersachsen) mit gefälschten Goldbarren und Goldmünzen hereingelegt zu haben, wie die Medien übereinstimmend berichteten. Der zur Tatzeit 18 Jahre alte Realschulabsolvent hatte Bankangestellten im September 2016 vier Standardgoldbarren und eine Krüger-Rand-Münze zum Verkauf vorgelegt. Die Mitarbeiter ließen sich vom schönen Schein offensichtlich blenden – anders lässt sich nicht erklären, warum keiner auf die Idee gekommen war, die Echtheit der angebotenen Schätze zu überprüfen. In Wirklichkeit hatte der junge Mann den lediglich mit Gold ummantelten Metallbarren zuvor auf Ebay erstaunlich günstig ersteigert.

Nach späterer Überzeugung des Gerichts musste es ihm bewusst gewesen sein, dass es sich bei dem Schnäppchen um Falschgold handelte. Bei seinem ersten Betrug kassierte der kleine Ganove rund 5.800 Euro. Jetzt hatte er Blut geleckt: Allein im November 2016 verkaufte er dem Geldinstitut »Gold« für 189.000 Euro. Dabei muss er sehr seriös gewirkt haben, niemand schöpfte Verdacht. Im Gegenteil: Nach einer kurzen Pause habe die Bank sogar bei dem 18-Jährigen telefonisch nachgefragt, ob wieder Gold verfügbar sei. Insgesamt erschwindelte sich der Göttinger mit elf illegalen Transaktionen ein hübsches Sümmchen von exakt 300.984 Euro.

Es dauerte einige Monate, bis einer der Sparkassenmitarbeiter angesichts der nicht unbeträchtlichen Umsätze doch einen vagen Verdacht hegte – allerdings den falschen, nämlich den auf Geldwäsche. Immerhin genügte diese irrtümliche Vermutung, um das letzte Geschäft mit dem Falschgold platzen zu lassen. Dieses Mal hatte die Mutter des Jugendlichen versucht, drei wertlose Metallbarren an die bis dahin gutgläubigen Bankangestellten zu verhökern, die jedoch ablehnten. Bis herauskam, dass es sich um Fälschungen handelte, verging noch eine geraume Weile. In der Zwischenzeit verkaufte die Sparkasse einen Teil des Falschgoldes bereits weiter, beispielsweise an die *Nord LB*. Ein weiterer offensichtlich nicht unbeträchtlicher Teil sei als vermeintliches Echtgold eingeschmolzen worden, was fatal ist, da nun auf dem Markt eine unbekannte Menge wertlosen Metalls in deklarierten Barren zirkuliert.

Dabei wäre es für die Sparkassenmitarbeiter ganz leicht gewesen, die Barren zu prüfen: Ein oberflächliches Kratzen mit einem Taschenmesser hätte genügt, um das darunterliegende unedle Metall zutage zu fördern. Dem entgegen stand wohl der Umstand, dass die Barren in einer standardisierten Plastikverpackung eingeschweißt waren, und die war wohl täuschend echt.*

Blütenlese

Nicht ganz professionell verlief der Versuch einer jungen Frau, in einem Autohaus in Kaiserslautern (Rheinland-Pfalz) mit Falschgeld einen Wagen zu kaufen. Die Frau wurde noch im Ladengeschäft festgenommen, weil sich

* https://www.harzkurier.de/region/article215103257/18-Jaehriger-verkauft-Sparkasse-gefaelschtes-Gold.html, zuletzt aufgerufen im April 20233

die 15.000 Euro Bargeld als Blüten herausstellten. Bei der anschließenden Durchsuchung ihrer Wohnung in Pirmasens wurde weiteres Falschgeld in der Summe von 13.000 Euro beschlagnahmt. Besonders schwer hatte es die junge Frau den Ermittlern dabei nicht gemacht. Laut Bericht handelte es sich bei den gefälschten Banknoten ausschließlich um kopierte 50- und 100-Euro-Scheine – mit einem handelsüblichen Tintenstrahldrucker erstellt. Den Angaben der Polizeidirektion Pirmasens zufolge befand sich im Drucker noch eine frisch gefertigte Blüte aus gewöhnlichem Papier.

Mit dem Rührstab bewaffnet

Um einen Überfall auf eine Spielhalle in Hamm (Nordrhein-Westfalen) ausführen zu können, zeigte sich eine unbekannte Frau bei der Wahl ihrer Waffe als äußerst kreativ. Die mit einem Motorradhelm maskierte Räuberin stürmte gegen Mitternacht den Laden und forderte Bargeld. Um ihrer Forderung Nachdruck zu verleihen, richtete sie einen Jutebeutel auf einen Spielhallenmitarbeiter, darin verborgen ein Stabmixer. Wie die Polizei vermutete, sollte das in dem Jutebeutel versteckte Küchengerät wie eine Pistole oder ein Gewehr aussehen. Der Angestellte blieb dennoch gelassen. Er durchschaute den Trick sofort, nahm der Räuberin die Tasche samt Küchengerät umgehend ab und beförderte die Frau nach draußen. Dort konnte sie in unbekannter Richtung entkommen.

Dieb bedient

Als abgeklärt erwies sich ein 30-jähriger Mann bei seinem Coup in Frankfurt am Main (Hessen). Bei einem Kioskraub lenkte er zunächst die Verkäuferin ab und bedrohte sie dann, um die Kasse leer zu räumen. Just in diesem Moment betrat ein Kunde den Laden, um Zigaretten zu kaufen. Der Räuber bediente daraufhin den Mann ungerührt, verkaufte ihm die gewünschte Ware und gab sogar Rückgeld aus der schon offen stehenden Kasse. Der Kunde schöpfte keinen Verdacht, und der Täter verschwand anschließend mit dem gestohlenen Geld.

Bissige Begierde

Die innige Hingabe zu einem Sexspielzeug oder besser gesagt einem »Hygieneartikel« (so die juristische Produkteinstufung) kann so weit gehen, dass ernsthafte Verletzungen in Kauf genommen werden. In Hannover (Niedersachsen) wurde im Frühling 2017 eine junge Frau in einer Drogerie beim Diebstahl eines Vibrators erwischt. Als die Polizei am Ort des Geschehens eintraf, hatte der Ladendetektiv die Frau bereits bäuchlings am Boden fixiert, nachdem sie ihm zuvor in den linken Daumen gebissen hatte. In der entsprechenden Mitteilung vermerkten die Beamten lapidar: »Was die Frau derart erregte, blieb unklar.«

Teurer Kussmund

Der Drang nach einem verführerischen Kussmund muss unbezähmbar gewesen sein. Anders lässt sich nicht erklären, warum eine nicht gerade verarmte Frau im Hamburger Hauptbahnhof ein Lipgloss im Wert von 37 Euro hat mitgehen lassen. Die Bundespolizisten jedenfalls fanden in der Tasche der Frau 23.000 Euro in bar – genug für mehr als 600 Stück des begehrten Lippenstifts. Kommentar der Polizei: »Kaum zu glauben.«

Geheime Zutat

Während eines Routineeinsatzes kontrollierten zwei Zollbeamte in Freilassing (Bayern) einen jungen Mann, der von Salzburg (Österreich) nach Deutschland zurückgekehrt war. Die abgefragten Personalien ergaben, dass er bereits wiederholt gegen das Betäubungsmittelgesetz verstoßen hatte. Eine körperliche Untersuchung erfolgte, jedoch ohne Ergebnis. Die misstrauischen Beamten konnten sich allerdings nicht vorstellen, dass der Mann ohne Mitbringsel eingereist war. Da der Verdächtige sonst kein Gepäck mit sich führte, inspizierten die Zöllner die Papiertüte in seiner Hand, in der sich drei lauwarme Burger befanden. Bei einer peniblen Begutachtung der Frikadellen stießen sie auf eine ungewöhnliche Zutat: Auf dem Schmelzkäse eines Burgers lagen mehrere Papiertütchen, hygienisch in Frischhaltefolie eingepackt. Der Inhalt des sorgsam verpackten Souvenirs: 6,19 Gramm Kokain.

Ein goldenes Herz für Teddys

Ein Teddybär beschäftigte die Zöllner am Düsseldorfer Flughafen (Nordrhein-Westfalen). Er befand sich in Begleitung eines Reisenden aus der Türkei, der den Flughafen durch den »grünen Ausgang für anmeldefreie Ware verlassen wollte«, wie das Hauptzollamt Düsseldorf mitteilte. Als die Beamten den 43-jährigen Mann unter die Lupe nahmen, stellten sie nicht nur fest, dass der mehr Zigaretten im Gepäck hatte als erlaubt – nein, auch das Plüschtier wies eine auffällig dicke Naht auf der Rückseite auf. Als sie den Reisenden baten, die Naht zu öffnen, weigerte er sich hartnäckig. Begründung: Der Bär sei ein Geschenk seiner verstorbenen Mutter. Also legten die Zollbeamten selbst Hand an. Und siehe da: Im Bauch des Stofftieres befand sich ein

Goldarmreif im Wert von mehr als 1.100 Euro. Ein Strafverfahren wegen des Verdachts der versuchten Steuerhinterziehung wurde gegen den Reisenden eingeleitet. Die Zigaretten, der Goldarmreif und der Bär wurden konfisziert.

Auf dem Bürostuhl durch die Nacht

Einen Tresor zu knacken, ist eine Sache. Ein solches Schwergewicht vom Tatort zu entwenden, eine ganz andere. Seinen Coup nicht ganz zu Ende gedacht hatte ein Dieb in Göttingen (Niedersachsen), der einen gestohlenen Tresor abtransportieren wollte. Kurzerhand griff er sich einen Bürostuhl und rollte damit den Geldschrank quer durch die Stadt. Das blieb nicht unbemerkt, aufmerksame Anwohner riefen umgehend die Polizei.

Verbrechen verpennt

Des Tresorknackens müde war im Dezember 2019 ein 23 Jahre alter Mann aus Essen (Nordrhein-Westfalen).

Offensichtlich von der Mühsal seiner Tätigkeit vollkommen erschöpft, schlief der verhinderte Räuber vor dem Safe ein. In der Tresortür steckte noch der Schraubenzieher, wie in den Medien berichtet wurde. Zugang zum Ladenlokal verschafft hatte er sich durch das Schaufenster, dessen Scheibe er eingeschlagen hatte. Der schlummernde Täter wurde von einem Verkäufer entdeckt und der Polizei übergeben. Danach durfte sich der übermüdete Einbrecher vermutlich auf einer gemütlichen Pritsche in einer Gefängniszelle erholen.

Süße Träume

Nicht nur ein gutes Gewissen ist ein gutes Ruhekissen. Manch einem genügt einfach eine gute Matratze. So jedenfalls erging es einem Einbrecher in einem Bettengeschäft in Bielefeld (Nordrhein-Westfalen). Laut den Ermittlungen hatte der 29-Jährige eine Fensterscheibe eingeschlagen, um in den Laden zu gelangen. Dortselbst konnte er wohl den weichen Daunen nicht widerstehen und legte sich zur Ruhe. Durch das Schaufenster allerdings wurden Passanten Zeugen der ungewöhnlichen Nachtruhe. Die alarmierte Polizei weckte den Gauner aus seinem sanften Schlummer. Vermutlich stand der so Erweckte unter Alkohol- und Drogeneinfluss, wie die Behörden mitteilten.

Immer an der Wand lang …

Einen in Not geratenen Einbrecher musste im Herbst 2021 die Feuerwehr in Wien (Österreich) mit einer Drehleiter von einer Hauswand pflücken. Anwohner hatten den völlig entkräfteten Mann frühmorgens an einem Gebäude entdeckt. Die Feuerwehr spannte zunächst ein Sprungtuch auf. Der verhinderte Fassadenkletterer sah sich jedoch außerstande, diese Form der Hilfe in Anspruch zu nehmen. Schließlich holten die Einsatzkräfte den Mann mit einer Drehleiter herunter. Wie sich herausstellte, war der 25-Jährige bei einem Einbruchsversuch von der Bewohnerin im dritten Stock überrascht worden und hatte über den Balkon das Weite gesucht. Auf einem Sims der Hausfassade war dann allerdings Ende Gelände. Die Polizei stellte bei der Verhaftung des jungen Mannes mehrere Hundert Euro Bargeld sicher.

Nachts im Zoo

Nicht gerade als begnadeter Fassadenkletterer erwies sich ein Mann, der in ein Berliner Juweliergeschäft einbrechen wollte. Um an der Rückseite des Gebäudes einsteigen zu können, balancierte er über die mit einem Drahtgeflecht gesicherte Krokodilhalle des benachbarten Berliner Zoos.

Solch verbotenes Handeln birgt unerwartete Risiken, denn der Mann rutschte ab und landete auf einem Baum – unter ihm die gefräßigen Reptilien, die erwartungsvoll auf einen Mitternachtssnack hofften. Der verhinderte Einbrecher wurde am nächsten Morgen von der Polizei aus seiner misslichen Lage befreit; die Krokodile gingen leer aus.

Ohne Handy geht nichts

Dumm, dreist oder einfach nur dämlich? Diese Frage stellt sich bei einem kuriosen Fall, der sich in Köln (Nordrhein-Westfalen) zugetragen hat. Bei einem Einbruch in einer Wohnung in der Innenstadt fand der Täter noch genügend Zeit, sein Handy aufzuladen. Durch ein gekipptes Fenster war ihm der Einstieg gelungen, und er entwendete die Kreditkarte der Bewohnerin. Nachdem er die Wohnung wieder verlassen hatte, fiel ihm ein, dass er eine Kleinigkeit vergessen hatte: sein Handy, das im Haus immer noch am Ladekabel hing. In seiner Not wusste der Mann nichts Besseres zu tun, als an den Tatort zurückzukehren, an das Fenster zu klopfen und der Bewohnerin zu eröffnen, dass sein Handy noch in ihrer Wohnung liege. Verständlicherweise händigte die Frau ihm das Gerät nicht aus. Der Verdächtige, ein einschlägig bekannter Einbrecher, wurde kurz darauf in der Nähe festgenommen.

»Eiskalt genießen«

Einen übereilten Fluchtversuch unternahm ein Ladendieb in Brunsbüttel (Schleswig-Holstein). Nachdem er eine Flasche Wodka aus einem Supermarkt entwendet hatte, machte sich der 43-Jährige auf und davon. Weit kam er indes nicht, eine Mitarbeiterin des Ladens und die Polizei hefteten sich an seine Fersen. Als die Verfolgungsjagd jäh an einem Kanal endete, an dem auch noch die Fähre gerade abgelegt hatte, stürzte sich der verzweifelte Dieb samt Wodkaflasche kurz entschlossen ins Wasser – mitten im November, muss man wissen. Es dauerte nicht lang, und der Mann kehrte an Land zurück, wo die Beamten den polizeibekannten Wodkafreund umgehend festnahmen.

Bootsflüchtlinge

Zwei Unbekannte flüchteten auf dem Wasserweg, nachdem sie die Zeche in einer Bar am Hawerkamp in Münster (Nordrhein-Westfalen) geprellt hatten. Zunächst sprangen sie in den Kanal, doch Zeugen beobachteten, wie sie aus dem Wasser in ein rotes Boot stiegen und damit davonfuhren. Mit einem Polizeiboot und einem Streifenwagen am Ufer suchten Beamte nach den Flüchtigen. Unter der Brücke an der Wolbecker Straße schließlich stellten die Einsatzkräfte der Wasserschutzpolizei die 24 und 37 Jahre alten Männer und übergaben sie den Beamten an Land.

Versteckspiel

Ein flüchtender Ladendieb hat sich in Köln-Höhenberg (Nordrhein-Westfalen) ein denkbar mieses Versteck ausgesucht, als er zwischen zwei geparkten Autos in die Hocke ging. Bei einem der Fahrzeuge, einer unschuldig aussehenden schwarzen Limousine, handelte es sich zu seinem Pech um einen Zivilwagen der Polizei Köln. Den Beamten fiel das merkwürdige Verhalten des 27-Jährigen auf, woraufhin sie ihn näher unter die Lupe nahmen. Dabei entdeckten sie 25 Packungen Nusspralinen, die der Mann in einer Plastiktüte bei sich führte. Eine Menge, die selbst für das größte Schleckermaul doch ungewöhnlich war. Erschwerend kam hinzu, dass der Mann keinen Kassenbon für die Ware vorweisen konnte. Nach einem Blick auf die Videoaufnahmen der Überwachungskameras der nahen Supermarktfiliale bestand kein Zweifel mehr an der Straftat. Mit der Polizei Verstecken zu spielen, rächt sich eben.

Zugeparkt

In Lippstadt (Nordrhein-Westfalen) bekam die Polizei unerwartete Hilfe von einem Autofahrer, der Zeuge eines Raubüberfalls geworden war. Ein etwa 30-jähriger Mann hatte zunächst Ware auf das Kassenband gelegt, doch als er an der Reihe war, bedrohte er die Verkäuferin mit einem Klappmesser und forderte Geld von ihr. Nach Rücksprache mit dem Filialleiter kam sie der Forderung des Räubers nach. Dieser verließ mit der Beute den Laden und stieg in ein bereitstehendes Fahrzeug. Ein Zeuge, der das Geschehen verfolgt hatte, eilte mit seinem Wagen herbei und parkte kurz entschlossen das Fluchtauto zu, sodass der Täter nicht aussteigen konnte. Die kurz darauf eintreffenden Polizisten nahmen den Mann fest und stellten Geld und das Klappmesser sicher. Am Steuer des Fluchtwagens saß eine 56-jährige Frau, die ebenfalls festgenommen wurde.

Festgefahren

Außerordentliches Pech beim Raubzug hatten zwei junge Männer in Breckerfeld (Nordrhein-Westfalen). Als ein 24-Jähriger den Notruf wählte, weil sein Auto auf einem Feld festgefahren war, schöpften die Beamten zunächst keinen Verdacht. Doch am Ort des Geschehens eingetroffen, erkannten die Polizisten sofort, dass mit dem Fahrer etwas nicht stimmte, zumal auf dessen Rückbank ein stark alkoholisierter Mann seinen Rausch ausschlief. Ein Drogentest brachte den Fall ins Rollen. Letzten Endes stellte sich heraus, dass die jungen Männer zuvor ein Haus ausgeräumt, sich danach aber aus unerfindlichen Gründen außerstande gesehen hatten, ihre Beute abzutransportieren – und zu guter Letzt blieb das Gaunerduo auch noch auf besagtem Feld stecken. Der Beifahrer wurde ins Krankenhaus gebracht, der Mann hinter dem Steuer musste mit aufs Revier.

Spuren im Schnee

Die Polizei auf den rechten Weg gebracht haben im Dezember 2017 zwei Kioskeinbrecher in Dietzenbach (Hessen) durch ihre eigene Unachtsamkeit. Die jungen Männer hatten es versäumt, auf das Wetter zu achten, sonst wären sie sicherlich selbst auf den Gedanken gekommen, dass Schneefall sich für eine erfolgreiche Flucht als äußerst kontraproduktiv erweisen könnte. Die Spuren der Einbrecher auf dem frisch gefallenen Schnee führten die Polizisten schnurstracks zur Wohnung der beiden, wo sie festgenommen wurden.

Augen auf beim Taxiruf

Zwei polizeibekannte Männer hatten nach einem Einbruch in einem Pflegeheim in Leonberg (Baden-Württemberg) ein Transportproblem. Das Diebesgut – ein Flachbildfernseher, ein Videorekorder und ein DVD-Player – erwies sich als zu sperrig für den Abtransport, sodass die beiden Ganoven kurzerhand ein Taxi bestellten, um sich nach Hause chauffieren zu lassen. Ein paar Minuten später winkte das Duo an der Straßenecke das vermeintliche Taxi heran und wollte es mit der Beute beladen. Allerdings hätten sie genauer hinschauen sollen, dann wäre den alkoholisierten Einbrechern vielleicht die verdächtig silber-blaue Lackierung des Wagens aufgefallen und dass die »Chauffeure« Polizeiuniform trugen … Statt einer gemütlichen Heimfahrt erfolgte eine Freifahrt aufs Polizeirevier.

Ein Häufchen Elend

Ein stilles Örtchen hatte sich ein junger Verbrecher in Hamburg ausgesucht, um sich vor der Polizei zu verstecken. Es muss für die Beamten ein erbarmungswürdiger Anblick gewesen sein, als sie nach einem Einbruch in einer Apotheke einen der beiden Ganoven in der Nähe des Tatorts aufgestöbert hatten. Ausgestattet mit einer Taschenlampe, Einweghandschuhen, einem Elektroschocker und einem Päckchen Marihuana, hatte sich das Häufchen Elend in einer mobilen Toilette verkrochen. Seinen Komplizen hatten die Beamten schon kurz zuvor festgenommen. Trotz seines zarten Alters von 17 Jahren konnte der Gauner ein beträchtliches Vorstrafenregister vorweisen. Als die Ordnungshüter die Gegend mithilfe eines Polizeihundes durchkämmten, fand sich auch das Corpus Delicti, mit dem die Einbrecher endgültig überführt werden konnten: die Brechstange, mit der sie sich Zugriff verschafft hatten.

Dumm gelaufen

Dumm lief es für einen bewaffneten Räuber, der nach einem Überfall auf einen Discounter in Huchting (Bremen) fliehen wollte. In der Eile bemerkte er nicht, dass die gläserne Automatiktür des Supermarktes wieder ordnungsgemäß geschlossen war, und knallte dagegen. Mit blutiger Nase konnte er dennoch entkommen.

PLEITEN, PECH UND PANNEN

Gut verwahrt

Ein tadellos verschlossener Tresor bereitete im Mai 2022 den Lehrern eines Gymnasiums in Bocholt (Nordrhein-Westfalen) erhebliche Probleme. Wie es sich gehört, lagen die Abitur-Klausuren ordnungsgemäß in dem Safe der Schulverwaltung. Allerdings blieb den zuständigen Pädagogen der Zugriff auf die Unterlagen verwehrt, da das Zahlenschloss den Dienst verweigerte. Eile war geboten, da die Abi-Prüfungen unmittelbar beginnen sollten. Also wurde die Feuerwehr alarmiert, die den Ernst der Lage durchaus zu würdigen wusste und sofort anrückte. Mit der geeigneten Ausrüstung wurde der Sicherheitsschrank geöffnet. Die Schüler kamen um die Prüfung nicht herum und mussten die Klausur schreiben, wenn auch mit einer Stunde Verspätung. Die versammelte Lehrerschaft war begeistert und spendete den Floriansjüngern jubelnden Beifall.

Spieglein, Spieglein an der Wand

Ein in vielen Badezimmern für die Schönheitspflege unentbehrliches Accessoire kann am falschen Ort erstaunliche Wirkung entfalten. In einem Schaufenster in Besigheim im Kreis Ludwigsburg (Baden-Württemberg) verursachte ein Kosmetikspiegel einen beträchtlichen Schaden. Wie die Polizei mitteilte, reflektierte er das einfallende Licht gebündelt auf ein ausgelegtes Kleidungsstück, sodass dieses schließlich zu kokeln begann. Die Bewohner des Wohn- und Geschäftshauses bemerkten glücklicherweise den Rauch im Treppenhaus rechtzeitig und löschten den Brand mit einem Feuerlöscher. Keiner der Anwohner kam zu Schaden, die Garnitur im Schaufenster hingegen schon: Die lädierten Kleidungsstücke und die durch das Feuer verursachte Verheerung schlugen mit nicht unerheblichen 10.000 Euro zu Buche.

Geisel des Geschirrspülers

Opfer einer heimtückischen Geschirrspülmaschine wurde im Sommer 2022 eine 22-Jährige in Lörrach (Baden-Württemberg). Die junge Frau befand sich in ihrem Bad und hatte die Türe geschlossen. Der elektronische Haushaltshelfer in der direkt anschließenden Küche hatte das Spülprogramm beendet und ließ automatisch die Klappe aufspringen. Diese blockierte nun bedauerlicherweise die Badezimmertür. Da half kein Rütteln und kein Klopfen. Zu allem Unglück hatte das Bad kein Fenster – die Frau war gefangen. Glücklicherweise hatte sie ihr Handy zur Hand, mit dem sie Hilfe rufen konnte. Allerdings war die Frau erst vor Kurzem zugezogen und kannte niemanden in der Stadt. Also rief sie eine Freundin in Hessen an, die wiederum die Polizei verständigte. Die bald darauf eintreffende Streife konnte auch nicht helfen – an der Wohnungstüre steckte von innen der Schlüssel. Da nutzte auch ein von der Nachbarin organisierter Zweitschlüssel nichts. Schlussendlich musste die Feuerwehr ran. Der gelang es ohne Probleme, die Türe zum Badezimmer zu öffnen und die Frau zu befreien – sogar ohne Schaden an der Einrichtung anzurichten. Bleibt nur die Frage, warum die junge Dame nicht gleich die Einsatzkräfte angerufen hat.

Kaminkletterer

In der Silvesternacht 2019 ging ein kurioser Notruf bei den Behörden in Sachsen-Anhalt ein. Ein junger Mann war in einem Schornstein eingeklemmt. Wie er da hineingekommen war und was er dort suchte, konnte der 18-Jährige nicht erklären. Während seine Freunde in der angemieteten Ferienwohnung den Jahreswechsel fröhlich feierten, muss sich der experimentierfreudige Mann in den Rauchfang des Appartements begeben haben. Die zu seiner Befreiung hinzugezogenen Beamten vermeldeten lediglich, dass nur noch der Oberkörper des Mannes aus dem Schornstein geragt hatte. Zudem sei er nur »leicht bekleidet« gewesen, was mitten im Winter nicht ohne Folgen bleiben sollte. Der sichtlich erleichterte Kaminkletterer wurde wegen Unterkühlung umgehend ins nächste Krankenhaus gebracht.

Frisch geduscht

Allzu enthemmter Alkoholgenuss führt zu ungewohnten und bisweilen peinlichen Folgen. In Mainhardt (Baden-Württemberg) hatte im April 2017 ein Mann allzu tief in diverse Gläser alkoholischen Inhalts geblickt. In einem lichten Moment beschloss er, es sei Zeit für eine Abkühlung. Zu diesem Behufe begab er sich vermeintlich nach Hause, entledigte sich seiner Kleidung und stellte sich unter die Dusche. Allerdings hatte der reinliche Zecher sich in seinem umnebelten Zustand in der Tür geirrt. Die eigentliche Bewohnerin des Hauses war nicht gerade angetan von dem nackten Mann in ihrem Bad, sperrte sich selbst und ihre Kinder in einem anderen Zimmer ein und alarmierte die Polizei. Als die Beamten den Eindringling nach seinem Wohnort fragten, war der nun blitzsaubere Trinker gleichwohl immer noch der festen Überzeugung, sich in seinen eigenen vier Wänden zu befinden. Tatsächlich wohnte der ansonsten unbescholtene Mann ein paar Straßen weiter. Welch (un-)glücklicher Umstand, dass es in der 5.900-Einwohner-Gemeinde seit alters her Brauch ist, die Haustüren nicht immer nicht abzusperren. Nachdem der unfreiwillige Eindringling halbwegs ernüchtert wieder bei Sinnen war, erschien ihm die kuriose Verwechslung hochnotpeinlich, sodass die Hausbewohnerin auf eine Strafanzeige verzichtete.

Ab in den Keller

Wenn sich nachts um 4.30 Uhr eine ominöse Gestalt in einem Hinterhof herumtreibt und in einen Keller einsteigt, liegt der Verdacht nahe, dass es sich um einen Einbrecher handeln muss. Anwohner verständigten die Polizei, die umgehend den Tatort im Schopfheim (Baden-Württemberg) aufsuchte. Bei der Gegenüberstellung stellte sich bald heraus, dass sich der vermeintliche Einbrecher nicht in finsterer Absicht Zugang verschafft hatte. Vielmehr erwies sich der Mann als ehemaliger Mieter, der erst wenige Tage zuvor ausgezogen war und zu nachtschlafender Zeit noch einige seiner Sachen aus dem Keller holen wollte. Nachdem die Angelegenheit mit dem Exvermieter geklärt werden konnte, wurde der Eindringling auf freien Fuß gesetzt.

Gewagter Sprung

Wie die Polizei Hameln (Niedersachsen) im Sommer 2022 durchaus amüsiert der interessierten Leserschaft mitteilte, nutzten ein 26-jähriger Mann und eine 25 Jahre alte Frau »die aus der Sommerhitze resultierenden nächtlichen Schlafstörungen sinnvoll zu einem Schäferstündchen«. Wie es das Schicksal so will, klopfte frühmorgens der ehemalige Lebensgefährte der Frau an der Tür. Sein Erscheinen veranlasste wiederum den neuen Partner, stante pede »und unbekleidet das Weite zu suchen – durch einen beherzten Sprung« aus dem Fenster im Hochparterre. Sodann versteckte sich der Nackte hinter einer Telefonzelle, um dort bis zum Abgang des Verflossenen zu verharren. Der allerdings ließ auf sich warten. Nach mehr als einer Stunde »informierte der Mann (aus polizeilicher Sicht eine ›Person in hilfloser Lage‹) dann den Einsatz- und Streifendienst der Polizeiinspektion Hameln«. Die Beamten retteten den Mann aus der peinlichen Situation durch die »Übergabe von Ersatzbekleidung«.

Wenn der Schein trügt

»Wie sich so vieles in der Welt ganz anders als der Schein verhält.« Diese alte Weisheit bewahrheitete sich bei einem kuriosen Polizeieinsatz in Hannover (Niedersachsen). Montagmorgens rief eine geschockte Frau bei der Einsatzzentrale an, um mitzuteilen, dass sie auf dem Balkon eines Mehrfamilienhauses einen Müllsack entdeckt habe, in dem offenbar eine Leiche entsorgt werden sollte. Als die alarmierten Beamten am vermeintlichen Tatort eintrafen, stießen sie auf den quicklebendigen Inhaber der Wohnung. Da er sich ausgesperrt hatte und offensichtlich sehr müde gewesen war, hatte er sich kurzerhand auf den Balkon gelegt, sich mit einer blauen Plastikplane zugedeckt und im Freien übernachtet.

Verschwundene Puten

Nun, es kommt vor, dass Dinge schlichtweg verschwinden. Aber gleich ein ganzer Putenbraten, der als festlicher Weihnachtsschmaus auf dem Teller hätte landen sollen? Da sich ein Paar im oberfränkischen Weißenstadt (Bayern) absolut nicht erklären konnte, wo der tiefgefrorene Vogel abgeblieben war, rief es kurzerhand die Polizei zur Hilfe. Immerhin stand der Verdacht im Raum, ein Familienangehöriger könnte den Braten gerochen und an sich genommen haben. Doch die Pute war mitnichten Opfer eines schnöden Diebstahls geworden. Vielmehr fanden sie die Beamten unversehrt in einem anderen Kühlfach als von den Besitzern vermutet.*

Weniger Glück hatte indes eine Familie aus dem Hildesheimer Stadtteil Himmelsthür (Niedersachsen), die einen

---

* https://www.sueddeutsche.de/panorama/schraeges-fest-ente-gut-alles-gut-1.5157860, zuletzt aufgerufen im April 2023

Putenbraten in einem Topf auf ihrem Balkon im ersten Stockwerk abgestellt hatte. Denn als der Vogel am zweiten Weihnachtstag zubereitet hätte werden sollen, gab es eine unliebsame Überraschung: Sowohl das Gefäß als auch die Pute waren wie vom Erdboden verschluckt.*

Geklopfte Schnitzel

Auf allzu gute Nachbarschaft lässt eine Polizeimeldung aus dem hessischen Alsdorf nicht schließen. Im Oktober 2016 meldete eine besorgte Frau eine Ruhestörung. Durch die Renovierungsarbeiten in der angrenzenden Wohnung sei die Andacht zur Feier des Tags der Deutschen Einheit beeinträchtigt gewesen. »Ständiges Gehämmer!«, klagte sie. Als die Beamten beim verdächtigten Nachbarn klingelten, stellten sie jedoch fest, dass dort keinerlei Handwerksarbeiten stattfanden, sondern lediglich Schnitzel geklopft wurden – wohl das Festessen zum nationalen Feiertag, wie sich vermuten lässt. Im Protokoll der Beamten wurde vermerkt: »Schnitzel sind jetzt in der Pfanne und brutzeln. Keine Maßnahmen. Ist jetzt Ruhe.« Und als Zugabe: »Auskünfte zur Größe und Konsistenz der Schnitzel können nicht gegeben werden. Nur: Sie waren dünn.«

---

* https://www.sueddeutsche.de/panorama/schraeges-fest-ente-gut-alles-gut-1.5157860, zuletzt aufgerufen im April 2023

Garagenrennen

Verdächtige Geräusche mitten in der Nacht beunruhigten Anwohner in Hann. Münden im Landkreis Göttingen (Niedersachsen). Lautes Dröhnen eines Motors drang aus einer Garage. Als die Polizei eintraf und die Lärmquelle näher untersuchte, dürfte den Beamten zunächst einmal die Spucke weggeblieben sein. In der Garage trafen sie einen 60 Jahre alten Mann an, der in einem roten Spielzeugferrari saß und sich bei Alkohol und Musik den Motorengeräuschen seines Minirennwagens entzückt hingab. Die Polizisten walteten unbeeindruckt ihres Amtes und brachen das »illegale Rennen« kurzerhand ab.

Aufs Dach gestiegen

Groß war der Schreck eines Familienvaters, als er beim Nachhausekommen einen Unbekannten auf dem Dach seines Hauses in Göttingen (Niedersachsen) erspähte. Der Hausherr rief sofort die Polizei. Als die Funkstreife kurz danach eintraf, stand der mutmaßliche Einbrecher immer noch oben auf dem Dach. Die Beamten forderten den 20-Jährigen mit Nachdruck auf, durch ein offenes Fenster ins Gebäude zu steigen. Ein Appell, dem der junge Mann auch umgehend nachkam. Zur Rede gestellt, entpuppte sich der vermeintliche Verbrecher als Verehrer der heranwachsenden Tochter, den diese kurzerhand aufs Dach verbannt hatte, als ihre Eltern unerwartet vorzeitig nach Hause gekommen waren.

Im Bademantel hoch hinaus

Großes Aufgebot von Polizei und Rettungsdiensten in Herzogenrath-Merkstein (Nordrhein-Westfalen). Sogar ein Polizeihubschrauber kreiste über dem Ort. Der Grund: Auf dem Dach seines Einfamilienhauses stand ein Mann, nur mit einem Bademantel bekleidet. Die Notrufe der besorgten Nachbarn lauteten unisono: »Ein Mann steht halbnackt auf dem Dach; er spricht mit sich selber.« Ein Suizidversuch wurde befürchtet.

Als die Beamten vor Ort auftauchten, kletterte der vermeintliche Selbstmörder gerade wieder in das Einfamilienhaus. Allgemeine Erleichterung. Auf die Frage hin, was er denn auf dem Dach gemacht habe, dazu noch im Bademantel, zeigte sich der Mann erstaunt. Er habe lediglich ein paar Dinge neu angestrichen, sich dabei jedoch mit Farbe bekleckert. Also war er wieder hineingegangen, um zu duschen. Daher der Bademantel. Als er im Anschluss vor dem Fernseher entspannen wollte, musste er feststellen, dass das Bild schlecht war. Vermutlich hatte er beim Streichen die Satellitenschüssel aus Versehen verstellt. Deshalb stieg er – im Bademantel – wieder aufs Dach, um die SAT-Schüssel auszurichten. Da das nicht auf Anhieb klappte, habe er wohl ein wenig vor sich hin geschimpft. Ihm gehe es soweit gut. »Davon konnten sich die eingesetzten Kräfte überzeugen«, wie im Polizeibericht zu lesen war. »Nicht bestätigten konnten sie, ob das Fernsehbild nun besser ist …«

Zuckender Eindringling

Ein obskures Objekt der Begierde veranlasste eine verängstigte Frau in der Vahr in Bremen, die Polizei zu rufen. Sie hatte mitten in der Nacht verdächtige Bohrgeräusche in ihrer Wohnung gehört und vermutete einen Einbrecher. Die Beamten rückten umgehend mit zwei Streifenwagen an und suchten zunächst das Grundstück ab, konnten jedoch keine verdächtige Person ausmachen. Also gingen sie gemeinsam mit der Frau ins Obergeschoss des Hauses, in dem der Störenfried sofort lokalisiert werden konnte. »Er lag in der Wanne, war blau angelaufen und zuckte unkontrolliert«, wie im Polizeibericht vermeldet wurde. Allerdings handelte es sich bei dem Übeltäter um keinen Einbrecher, sondern um einen Vibrator, Modell *Blauer Maulwurf.* »Nachdem der Eindringling gestellt wurde, rückten die Einsatzkräfte wieder ab und verzichteten auf eine Spurensuche«, schloss der Bericht.

Mit Essen spielt man nicht

Einen ganz und gar nicht lustigen Sinn für Humor bewies ein unbekannter »Künstler«, der mit Attrappen die Stadt Göttingen (Niedersachsen) in Atem gehalten hatte. Im Februar 2017 wurden an verschiedenen Stellen Nachbildungen von Bomben gefunden, die – zumindest auf den zweiten Blick erkennbar – aus Würstchen und Möhren gebastelt worden waren. So trug die Gänseliesel, das Wahrzeichen der Stadt, in ihren Armen ein Bündel aus Kabeln und mit Klebeband zusammengebundener Würstchen, das offensichtlich einen Sprengstoffkörper darstellen sollte. Das fanden die Göttinger nun überhaupt nicht witzig und erstatteten per Notruf Anzeige gegen Unbekannt. Anscheinend hielten wohl nicht alle Bürger die Aktion für geschmacklos – bei der kriminaltechnischen Untersuchung stellte sich heraus, dass einige der Würstchenbomben bereits angeknabbert waren.

Jagdfieber

Es gibt Geschichten, bei denen Polizeibeamte nur noch den Kopf schütteln können und sich fragen müssen, ob die betroffenen Personen eigentlich noch bei Verstand sind. In Schwäbisch Gmünd (Baden-Württemberg) hatte eines Tages eine Frau besorgt beobachtet, wie ein junger Autofahrer unvermittelt sein Fahrzeug angehalten hatte, ausgestiegen und »wie wild« über eine Wiese in den angrenzenden Wald gerannt war. Der sonderliche Fahrer hatte seinen Wagen unverschlossen am Straßenrand zurückgelassen und war seit zwei Stunden von seiner Hetzjagd nicht zurückgekehrt. Als die Beamten sich an die Halterin des Fahrzeugs wandten, die Mutter des jungen Mannes, erwiderte diese, dass »der Junge völlig in Ordnung sei« – er sei lediglich einem Pokémon hinterhergerannt. Bei dem Smartphone-Spiel *Pokémon Go* werden in der realen Welt virtuelle Monsterfiguren gejagt, die als sogenannte »erweiterte Realität« auf dem Mobilgerät eingeblendet werden.

Stinkstiefel

Ein außergewöhnlich strenger Geruch in einem Mehrfamilienhaus in Suhl (Thüringen) versetzte einen Bewohner in Panik. Weil er befürchtete, dass einer der Nachbarn gestorben sei und die Leiche womöglich verwesen könnte, alarmierte er die Polizei. Diese rückte auch sofort an, konnte aber keinen Toten entdecken. Stattdessen stießen die Beamten in einer der Wohnungen auf einen Berg an Schuhen – die erbärmlich vor sich hin stanken. »Zum Glück erfreuten sich alle Leute der infrage kommenden Wohnungen bester Gesundheit«, hieß es in der Polizeimitteilung.

Bombengeschichte

Eine zum Glück harmlose Verwechslung liegt folgender Geschichte zugrunde: Im November 2017 fand im baden-württembergischen Bretten ein 81 Jahre alter Senior einen fünf Kilogramm schweren Gegenstand in seinem Garten, der ihm äußerst verdächtig vorkam. Er befürchtete, auf eine Bombe aus dem Zweiten Weltkrieg gestoßen zu sein, und alarmierte umgehend die Polizei. Die gab nach kurzer Zeit Entwarnung. Vor Ort konnten die Beamten feststellen, dass es sich bei dem vermeintlichen Sprengsatz um eine 40 Zentimeter lange Zucchini handelte. Diese hatte vermutlich eine unbekannte Person über den Zaun in den Garten des alten Herrn geworfen.

Alarmierender Zuckergehalt

An sich harmlose Lebensmittel können in einem geeigneten Kontext unabsehbare Folgen bis hin zu einem Sprengstoffalarm auslösen. So geschehen im Mai 2019, als ein Glas selbst gemachtes Apfelmus im Gepäck einer Familie am Flughafen in Erfurt (Thüringen) ins Visier der Ordnungshüter geriet. Bei der Sicherheitskontrolle schlug der Sprengstoffdetektor mehrfach bei der mitgebrachten Babynahrung an. Aus Sicherheitsgründen sind solche Geräte, die routinemäßig Flüssigkeiten überprüfen, derart sensibel eingestellt, dass es auch öfter zu Fehlalarmen komme, betonte ein Sprecher der Bundespolizei. Im konkreten Fall habe der Detektor vermutlich auf den hohen Zuckergehalt des Muses reagiert.

Brisanter Fund

Die bizarre Vorliebe eines US-amerikanischen Staatsbürgers für eine sehr spezielle Kunstform löste am Flughafen in Frankfurt am Main (Hessen) einen Polizeieinsatz aus. Sicherheitsmitarbeitern fiel beim Röntgen ein Koffer auf, in dem sich allem Anschein nach eine Handgranate befand. Ein Entschärfer-Team rückte an, die Gepäckabfertigung wurde abgesperrt. Nach kurzer Zeit konnten die Sprengstoffexperten Entwarnung geben. Bei dem brisanten Fund handelte es sich zwar tatsächlich um eine Handgranate, allerdings ohne Sprengstoff und somit harmlos. Sie bildete einen Bestandteil einer kunstvoll gearbeiteten Skulptur. Das Flugzeug des Kunstfreundes konnte mit eineinhalb Stunden Verspätung in Richtung Washington abheben, das Gepäck samt Kunstwerk wurde dem Amerikaner hinterhergeschickt.

Trugschluss

Ein ausgesperrter 44-Jähriger aus dem Bremerhavener Stadtteil Lehe (Bremen) griff zur Selbsthilfe. Da der Schlüssel nicht mehr ins Schloss zu passen schien, schlug der Mann kurzerhand den Glaseinsatz der Haustür ein. Zu spät bemerkte er, dass er sich im Hauseingang geirrt hatte. So kam zur schmerzenden Faust eine Strafanzeige wegen Sachbeschädigung hinzu, wie die Polizei Bremerhaven mitteilte.

In der österreichischen Hauptstadt wurde die Polizei zu einem ähnlich ungewöhnlichen Einsatz gerufen. Wie lokale Medien berichteten, schlug ein Mann Alarm, der seine Wohnungstüre zugemauert wähnte. Wie sich herausstellte, hatte sich der Herr schlicht im Treppenhaus verlaufen und war im falschen Stockwerk gelandet.

Folgen der Hochzeitsnacht

Nicht nur am Tag der Trauung kann etwas schiefgehen, auch am Tag danach sind die frischgebackenen Eheleute nicht vor ungebetenen Überraschungen gefeit. So fand ein 43-jähriger Mann nach der Hochzeitsnacht seine Wohnung in Hopfgarten bei Weimar (Thüringen) verwüstet vor. Gemeinsam mit der eilig herbeigerufenen Polizei wurden die Räume inspiziert. Dabei stellte sich heraus, dass weder ein Einbruch noch Vandalismus vorlag. Vielmehr hatten sich Freunde einen Streich erlaubt und dem taufrischen Ehemann den Schritt ins neue Leben in Form von großzügig verstreuten Kronkorken, Reis, Mehl oder auch Nutella-Botschaften an den Wänden schwergemacht.

Falscher Alarm

Es war zum Verrücktwerden – jede Nacht, immer gegen 1 Uhr, klingelte das Telefon bei einer älteren Dame aus Kleve (Nordrhein-Westfalen). Ein Anrufer mit unbekannter Nummer beraubte die Frau ihres verdienten Schlafs. Ein Stalker oder ein schlechter Scherz? Eine Nachfrage bei der Telefongesellschaft half auch nicht weiter. Völlig entnervt und der Verzweiflung nahe, wandte sich die Frau schließlich an die Polizei. Die Beamten beschlossen, sich die Angelegenheit genauer anzusehen. Bei dem Versuch, die Rufnummernunterdrückungsfunktion zu aktivieren, bemerkten sie, dass auf dem Telefon der alten Dame der Alarm aktiviert war – jede Nacht pünktlich um 1.02 Uhr. Der Fall war gelöst und die Nachtruhe wiederhergestellt.

Ominöse Anrufe

Eine 78-Jährige aus Bad Berka (Thüringen) informierte die Polizei, sie erhalte ominöse Telefonanrufe. Bereits am Vorabend ab etwa 23 Uhr sei es zu solchen Anrufen gekommen, und sie hätten erst gegen 2 Uhr geendet. Allerdings meldete sich nie jemand am anderen Ende der Leitung. Sollte etwa eine Betrugsmasche hinter der Belästigung stecken? Die Polizeiinspektion Weimar nahm sich der Sache an. Als in Anwesenheit der Beamten das Telefon der Frau erneut einen Anruf signalisierte, stellte sich heraus, dass der Verdacht völlig unbegründet war. Vielmehr hatte die Frau versehentlich die Weckfunktion auf 23 Uhr programmiert und jedes Mal, wenn sie das Gespräch annahm, die Schlummerfunktion aktiviert.

Die Roboter sind los

Ein Mann hatte im September 2022 in Neuwied (Rheinland-Pfalz) mitten in der Nacht verdächtige Geräusche gehört. Da er Einbrecher in seinem Haus wähnte, schloss er sich umgehend ins Schlafzimmer ein und alarmierte die Polizei. Als die Beamten eintrafen, enttarnten sie sofort den Störenfried: einen Staubsaugerroboter, der sich selbstständig gemacht hatte. Zuvor war es in mehreren Stadtteilen Neuwieds zu einem Stromausfall gekommen.

Verdächtiger Lichtkegel

Taschenlampenschein in einer Firma in Kandern-Tannenkirch (Baden-Württemberg) – und das am späten Sonntagabend? Kein Wunder, dass die Polizei nach diesem Anruf eines besorgten Zeugen einen Einbruch vermutete. Sie umstellte mit mehreren Streifen das Gelände und forderte den Eindringling auf herauszukommen. Da niemand dieser Anweisung Folge leisten wollte, betraten die Polizisten das Gebäude – und erlebten eine große Überraschung. Bei dem vermeintlichen Einbrecher handelte es sich um einen Saugroboter, der ständig und unverdrossen seine Ladestation suchte. Die Beamten beendeten den Spuk, indem sie ihn schlicht ausschalteten, wie die *Badische Zeitung* berichtete.

Kerzenschein

Was könnte romantischer sein als eine Trauung bei Kerzenschein? Das dachte sich zumindest in Jockgrim (Rheinland-Pfalz) ein Brautpaar, das bei seiner Hochzeit in einem Saal der Verbandsgemeinde mehrere Lichter entzündet hatte. Eine wohl eher unromantisch veranlagte Anwohnerin hingegen vermutete hinter dem verdächtigen Flackern finstere Absichten und verständigte die Polizei. Statt der erwarteten Einbrecher stießen die alarmierten Beamten auf Braut, Bräutigam und einen Standesbeamten. Die Beamten gratulierten und zogen wieder ab.

Traumfabrik

Es muss ein ziemlich langweiliger Film gewesen sein, den sich Anfang 2020 ein Dortmunder in einem Kino in Bochum (Nordrhein-Westfalen) angesehen hat. Der 30-Jährige hatte sich Karten für eine Bollywood-Produktion gekauft, die um 23 Uhr gezeigt wurde. Während der Spätvorstellung schlief er irgendwann selig ein. Dabei rutschte er vermutlich so tief in seinen Sitz, dass der beneidenswerte Schläfer nach der Vorstellung dem Personal nicht auffiel. Gegen frühmorgens erwachte der Mann aus seiner persönlichen Traumfabrik und wählte den Notruf. Die Polizeimitteilung vermerkte: »Kurz nach fünf wurden dem Dortmunder die Türen geöffnet, und er trat ein wenig verschlafen den Heimweg an – nach der längsten Kinovorstellung seines Lebens.«

Den Anschluss verpasst

Den Anschluss verschlafen hatte ein 25-Jähriger, der in München-Pasing (Bayern) um 5:20 Uhr den Notruf der Polizei anrief. Den Beamten teilte der hellwache Mann mit, dass er seit mehr als fünf Stunden in einem Container festsitze, der auf einem stehenden Güterzug geladen war. Er sei im alkoholisierten Zustand hineingeklettert und dann eingeschlafen. Nun komme er leider nicht mehr selbstständig heraus. Gemeinsam mit der Feuerwehr begaben sich die Beamten nach Pasing, um den Unglücksraben aus seiner misslichen Lage zu befreien. Da der Anrufer nicht angeben konnte, wo genau und in welchem Container er stecke, suchten die Einsatzkräfte systematisch den Ort ab. Dafür musste der Gleisbereich in Pasing vollständig gesperrt werden – wodurch der gesamte S-Bahn-, der Regional- und Fernverkehr vorübergehend stark beeinträchtigt wurde. Nach 15 Minuten entdeckten die Beamten den 25-Jährigen unverletzt in einem der Container. Wie die Bahn mitteilte, kam es bei dem Einsatz bei 86 Zügen und S-Bahnen zu insgesamt 1.280 Minuten Verspätung, 37 Komplett- und 21 Teilausfällen.

Frau vergessen

Ziemlich zerstreut war ein Norweger, der seine Frau auf einem Autobahnparkplatz in der Nähe von Göttingen (Niedersachsen) vergaß. Sein Sohn saß sicher im Auto, die Gattin wähnte er schlafend auf dem Rücksitz. Die hatte wiederum kurz die Toilette aufgesucht und musste bei ihrer Rückkehr erstaunt feststellen, dass ihre beiden Männer samt Wagen verschwunden waren. Zum Glück hielt sich zufälligerweise ein Zollbeamter auf dem Rastplatz auf, der sich der Zurückgelassenen annahm und eine Suchaktion in die Wege leitete. Der Pick-up des Norwegers wurde etwa 50 Kilometer nördlich entdeckt und umgehend von der Polizei gestoppt. Als die Beamten Mann und Sohn nach dem Verbleib der Frau und Mutter befragten, bekamen sie ahnungslos zur Antwort: »Die schläft auf der Rückbank.« Ein Nachhaken war nötig, ehe sich die beiden umdrehten und das Verschwinden ihrer Begleiterin bemerkten. Die Familie konnte glücklich wieder zusammengeführt werden und nahm das Malheur laut Behörden »insgesamt mit Humor«.

Im Schlamm versunken

Bei einer wohltuenden Fangobehandlung kann man die Zeit vergessen. Wenn allerdings urplötzlich das Licht ausgeht und weit und breit niemand mehr zu sehen ist, dann ist es mit der Entspannung schnell vorbei. So geschehen in einer Praxis für Physiotherapie in Kiel (Schleswig-Holstein). Noch während eine Frau mit wärmendem Heilschlamm bedeckt ihre Fangopackung genoss, hatte sie zu spät bemerkt, dass die Mitarbeiter in den Praxisräumen bereits die Lichter gelöscht, die Eingangstür verschlossen und den Heimweg angetreten hatten. Zum Glück hatte die Frau ihr Handy bei sich, mit dem sie gegen 20 Uhr ihre Tochter von dem Malheur in Kenntnis setzen konnte. Diese benachrichtigte umgehend die Polizei, die schließlich den Inhaber der Praxis ausfindig machte, sodass die Dauerfangobehandlung doch noch ein gutes Ende nahm. Die Behörden wiesen vorsorglich darauf hin, dass eine mögliche Freiheitsberaubung im Sinne des §239 StGB in diesem Fall nicht erfüllt sei, da kein vorsätzliches Handeln erkennbar sei.

Unsterbliche Liebe

Unsterblich muss die Liebe für einen 18-Jährigen gewesen sein, der sogar in ein Gefängnis in Vechta (Niedersachsen) einbrechen wollte, nur um seine Verflossene zurückzugewinnen. Die ebenfalls 18 Jahre junge Dame hatte sich kurz zuvor per Telefon von ihm getrennt – vermutlich aus dem naheliegenden Grund ihrer Inhaftierung. Der Mann wollte das nicht hinnehmen und war zunächst über eine vier Meter hohe Mauer und dann über die vergitterten Fenster der Haftanstalt zur Zelle seiner Angebeteten geklettert, wie eine Sprecherin der JVA Vechta mitteilte. Der liebeskranke Fassadenkletterer wurde bei seinem verzweifelten Einbruchsversuch gestellt, weigerte sich aber standhaft, wieder auf den Boden der Tatsachen zurückzukehren. Die Feuerwehr wurde alarmiert, die den todunglücklichen Liebhaber mit einer Leiter von der Gefängnisfassade herunterholen musste. Neben seinem Liebeskummer musste sich der junge Mann hernach mit einer Anzeige wegen Hausfriedensbruch und der unerlaubten Kontaktaufnahme mit Gefangenen auseinandersetzen. Dennoch, bei aller Liebe: Hut ab vor dem jungen Mann!

Drum prüfe, wer sich ewig bindet

Von weniger heroischer Natur dürften die erotischen Gefühle eines Mannes aus Hamburg gewesen sein, der auf einer Wache in Poppenbüttel erschien und die Beamten um Hilfe in einer für ihn peinlichen Lage bat. Der 38-Jährige präsentierte den verblüfften Ermittlern einen Keuschheitsgürtel um sein Gemächt herum, von dem er sich nicht mehr entledigen konnte. Den Gürtel soll der Mann bereits zwei Wochen mit sich herumgeschleppt haben. Da ihm die Beamten zunächst nicht helfen konnten, wurden die Kollegen von der Feuerwehr hinzugeholt. Die waren mit dem nötigen Werkzeug ausgerüstet und entfernten mit einem Winkelschleifer das stählerne Korsett, mit dem das beste Stück des Mannes gesichert war. Und zwar »unverletzt«, wie es in dem Bericht heißt.

Laut Aussage des Mannes hatte die Domina, die ihm das Sexspielzeug verpasst hatte, den Schlüssel nach einem Treffen auf einem Rastplatz bei Lübeck einbehalten und erpresse ihn nun. Der Aufenthaltsort der 25 Jahre alten Sexarbeiterin wurde von der Polizei bald ermittelt, und diese schilderte den Beamten eine andere Version der Ereignisse. Dass sie den Schlüssel für den Keuschheitsgürtel behalten habe, sei Bestandteil der Abmachung gewesen. Da sich der Mann für die Fortsetzung des erotischen Abenteuers aber eine andere Domina gesucht habe, hätte sie sich geweigert, den Schlüssel herauszugeben. Geld allerdings habe sie keines gefordert. Für eine genauere Aufklärung der Tatumstände stand der Keuschheitsgürtelträger nicht zur Verfügung, er erschien nicht mehr zu einer Vernehmung.

Kratzer im Lack

Eine Frau aus Fellbach (Baden-Württemberg) sah rot, als sie bemerkte, dass ihr »heilig's Blechle« offensichtlich verunstaltet worden war. Jemand habe rechts und links lange Kratzer in den Lack geritzt, wie sie der Polizei mitteilte. Bei der Begutachtung des gemeldeten Schadens kam der Ehemann hinzu – und musste seine enervierte Gattin erst einmal beruhigen. Als sich die Frau wieder entspannt hatte, konnte er das Missverständnis aufklären: Bei den vermeintlichen Kratzern handelte es sich um Design-Linien, die von der Herstellerfirmen absichtlich als Schmuckelemente angebracht worden waren.

Schreitherapie

Wenn eine Frau in Not ist, kommt die Polizei, so schnell es geht. Besorgte Passanten hatten gegen 2 Uhr die Behörden alarmiert, weil sie in der Nähe des Göppinger Bahnhofs (Baden-Württemberg) laute Schreie einer weiblichen Person gehört hatten. Als die Streife eintraf, stellte sich die Lage zum Glück nicht so dramatisch dar wie befürchtet. Die Polizisten fanden zwei Frauen vor, von denen die eine zwar etwas heiser war, aber ansonsten eher erleichtert denn bedrängt wirkte. Die andere klärte die Beamten darüber auf, dass sich ihre Freundin den Frust buchstäblich aus dem Leib geschrien habe, weil sie ausgerechnet an ihrem Geburtstag erfahren musste, dass der Freund sich von ihr getrennt habe. Die eigenverordnete Schreitherapie hatte funktioniert, denn nachdem die Polizisten abgezogen waren, habe die Verlassene umgehend einen nahen Club aufgesucht, um sich einen neuen Freund zu angeln, wie die Göppinger Polizei in ihrem Bericht schrieb.

Wasser hat keine Balken

Eine Seefahrt, die ist lustig … kann aber auch schnell zu einem Schlag ins Wasser werden, wie die Wasserschutzpolizei nur zu gut weiß. Im Sommer 2020 entdeckten Badegäste bei Konstanz (Baden-Württemberg) ein anscheinend führerloses Motorboot auf dem Seerhein. Kurz entschlossen schwammen sie dorthin, um nach dem Rechten zu sehen. Sie entdeckten den Bootsführer schlafend in seiner Koje. Sie weckten den Freizeitkapitän, woraufhin dieser den Motor abschaltete und sich wieder in aller Ruhe hinlegte – ohne zuvor den Anker geworfen zu haben. Nicht lange und das Boot trieb erneut ab, sodass die Schlafmütze durch lautes Rufen der Badegäste erneut geweckt werden musste. Als die hinzugezogene Wasserschutzpolizei eintraf, »konnten diese einen sehr desorientierten Bootsführer auf seinem ankernden Boot feststellen«, wie es in der Pressemitteilung hieß. »Der Grund für das seltsame Verhalten waren 2,62 Promille, die der Atemalkoholtest ergab. Neben einer Blutentnahme erwartet den Bootsführer auch eine Strafanzeige wegen Trunkenheit.«

Nicht ganz so glimpflich verlief die Havarie eines betrunkenen Mannes, der mit seinem Segelboot die Hafenmauer in Meersburg am Bodensee (Baden-Württemberg) gerammt hatte. Wobei der Schweizer beinahe über Bord gegangen wäre, was ihn allerdings nicht daran hinderte, unbeirrt Richtung Konstanz weiterzufahren. Daraufhin wurde die Wasserschutzpolizei in Überlingen alarmiert, die den Havaristen im Bereich des Konstanzer Trichters antraf, einer Bucht 500 Meter entfernt vom Ufer. Da trotz ruhiger See schwankender Seegang und zudem starker Alkoholgeruch festgestellt wurde, war ein Atemtest unerlässlich, der fast zwei Promille ergab. Das Boot wurde abgeschleppt, der Steuermann bekam eine Strafanzeige wegen Trunkenheit im Schiffsverkehr.

Nicht nur der Boden-, auch die Ostsee ist bei Kapitänen aller Schiffsklassen ein beliebtes Gewässer. Und wie es so geht, kann auch einem Motorboot bei schönster Fahrt irgendwann der Sprit ausgehen. So geschehen bei einem Bootsfahrer und seinen vier Begleitern, die im Kleinen Haff bei Ückermünde (Mecklenburg-Vorpommern) trieben. Ein Hilferuf ging beim Polizeipräsidium Neubrandenburg ein. Schon die undeutliche Aussprache des Anrufers weckte den Argwohn der Beamten. Nichtsdestoweniger war schnelles Handeln geboten. Die Rettungsleitstelle See (Bremen) schickte den fünf Schiffbrüchigen umgehend ein Rettungsboot, das nach dem Gründer der gleichnamigen ostfriesischen Kornbrennerei auf den schönen Namen *Doornkaat* getauft war. Nomen est omen – der Verdacht der Beamten sollte sich bewahrheiten: Ein erster Atemalkoholtest vor Ort ergab beim Bootsführer einen Wert von 1,78 Promille, auch die übrige Bootsbesatzung war stark alkoholisiert.

Lügen haben kurze Beine

Reichlich Alkohol war im Spiel, als eine Dame im bayerischen Berchtesgaden wegen der angeblichen Ermordung ihres Mannes die Polizei alarmierte. Als die Beamten in Begleitung eines Notarztes anrückten, trafen sie die 44-Jährige an, die allerdings dem Alkohol erheblich zugesprochen hatte. Von einem toten Ehemann war zum Glück weit und breit nichts zu sehen. Als Grund ihres Notrufs gab sie zerknirscht an, dass jemand ihre Garage zugeparkt hatte. »Die Frau hat gedacht, wenn sie einen Mord melde, kommt die Polizei schneller«, wie der Pressesprecher des Präsidiums Oberbayern Süd berichtete. Da die Dame zudem nicht davon abzubringen war, ins Auto zu steigen, nahmen die Beamten ihr vorsorglich die Wagenschlüssel ab – zur Gefahrenabwehr. Der Frau wurden die Kosten des Einsatzes in Rechnung gestellt und die Führerscheinstelle wurde informiert. Dazu kam noch eine Strafanzeige wegen Missbrauchs von Notrufen.

Blackout

Durch Alkohol induzierte Ausfallerscheinungen waren der Grund, warum ein 25 Jahre alter Student nur mit einem Unterhemd bekleidet schlafend im Umkleideraum eines

Krankenhauses in Göttingen (Niedersachsen) von einer Reinigungskraft entdeckt wurde. Die restliche Kleidung des jungen Mannes – inklusive Geldbörse, Handy und Unterhose – lag fein säuberlich vor einem Nachbarhaus, wo sie zeitgleich von Bauarbeitern gefunden wurde. Als der nunmehr aufgeweckte Student der Putzfrau gewahr wurde, zog er sein Hemdchen aus, um damit seine entblößte Männlichkeit zu bedecken. Derart notdürftig gewappnet, ergriff er zunächst Hals über Kopf die Flucht, kehrte jedoch bald reumütig zurück und entschuldigte sich für sein ungebührliches Verhalten. Bei der Befragung durch die hinzugezogene Polizei gab der 25-Jährige an, den Abend zuvor an einer Whiskyprobe teilgenommen zu haben. Wie er danach in die Umkleidekabine des Krankenhauses gekommen war, konnte er sich und den Beamten allerdings nicht erklären.

Ohne Hose aufs Volksfest

Alkoholbedingte Erinnerungslücken plagten einen 30-Jährigen, der in Filderstadt-Bernhausen bei Esslingen (Baden-Württemberg) einen Raub anzeigte. Der Mann gab an, nach dem Besuch des Cannstatter Volksfests im benachbarten Stuttgart bestohlen worden zu sein. Am S-Bahnhof habe ihn ein unbekannter Räuber um seine Lederhose, die Schuhe, Geldbeutel und Schlüssel erleichtert. Die Beamten nahmen die Anzeige pflichtgemäß auf, wunderten sich jedoch, als am nächsten Morgen das gemeldete Diebesgut ordentlich abgelegt vor einem Geschäft gefunden wurde. Die Ermittlungen ergaben, dass der betrunkene Wasen-Gänger sich selbst um seine Sachen erleichtert, diese an einem Haus deponiert und an der Tür geklingelt hatte. Da ihm niemand geöffnet hatte, war der Mann unbekleidet weitergeschwankt. An mehr konnte er sich nicht mehr erinnern, gestand er schließlich ein.

Teures Abendmahl

Nach mehreren reichlich genossenen Aperitifs muss der Hunger überwältigend gewesen sein. Ein 52-Jähriger in Uhingen (Baden-Württemberg) ließ sich selbst von einem brennenden Herd nicht davon abhalten, sein Essen zu kochen. Gegen 20.40 Uhr bemerkten Nachbarn eine starke Rauchentwicklung in der Dachgeschosswohnung. Als die Feuerwehr mit 23 Mann anrückte, stießen sie auf den volltrunkenen Koch, der sich weder durch die Flammen noch den starken Rauch beirren ließ. Der Mann wurde in Sicherheit gebracht, das Feuer gelöscht und die Wohnung ausgelüftet. Sachschaden: rund 6.000 Euro.

Heimlich rauchen

Unbemerkt rauchen will gelernt sein. Zwei junge Männer wollten in einem Hotel im Bremer Stadtteil Walle einen Joint anzünden, was gehörig schiefging. Um den Brandmelder in ihrem Zimmer auszutricksen, hatten sie in weiser Voraussicht einen Socken darüber gestülpt. Das Gerät tat dennoch vorschriftsmäßig seinen Dienst, und das Hotel musste um 3 Uhr nachts geräumt werden. Feuerwehr und Polizei waren flugs vor Ort und die beiden Kiffer schnell überführt. Dass sie neben Cannabis noch Kokain und synthetische Drogen mit sich führten, dürfte sich nicht gerade positiv auf den Strafverfolgungsprozess ausgewirkt haben.

Umnebelt

Es gibt noch andere Drogen, die für ähnliche Ausfallerscheinungen sorgen können – und manchmal der Polizei sogar die Arbeit abnehmen. In Waldbröl (Nordrhein-Westfalen) gingen nachts ab 1 Uhr mehrere ungewöhnliche Anrufe bei der Rettungsleitstelle ein. Auf die Frage nach dem Anrufer waren stets nur »ein Schnarchen und Stöhnen« zu hören. Da die Nummer einem 23 Jahre alten Mann aus Waldbröl zugeordnet werden konnte, fuhr die Polizei in Sorge um dessen körperliche Verfassung zu seiner Wohnung. Statt des unfreiwilligen Anrufers öffnete ein 21-jähriger Mann die Tür. Wie sich herausstellte, war sein Bekannter auf dem Sofa über seinem Handy eingeschlafen und hatte dabei versehentlich die Notruftaste gedrückt. Der wiederum fiel aus allen Wolken, nachdem er geweckt worden war, und ließ sich erst durch eine Überprüfung seiner Anrufliste davon überzeugen, dass er die Polizei alarmiert hatte. Denn der Besuch der Beamten kam den beiden Herren herzlich ungelegen, ließ doch starker Cannabisgeruch in der Wohnung auf eine nicht unbeträchtliche Menge des verbotenen Rauschgifts schließen. Neben zahlreichen Ecstasy-Tabletten, Amphetaminen und Kokain wurden noch einige Feinwaagen und Bargeld sichergestellt.

Spätzle mit Cannabis

Viel Qualm drang an einem Montagabend aus dem Küchenfenster einer Wohnung im bayerischen Cadolzburg. Erst nachdem die von einem Anwohner alarmierten Einsatzkräfte der Freiwilligen Feuerwehr und der Polizeiinspektion Zirndorf hartnäckig gegen die Tür geklopft hatten, wurde ihnen geöffnet. Der Bewohner hatte das Malheur noch gar nicht bemerkt. Der Auslöser für den Brandalarm war schnell gefunden: angebrannte Spätzle auf dem Herd. Die Beamten staunten freilich nicht schlecht, als sie im Schlafzimmer zudem auf eine Aufzuchtanlage für Cannabis stießen. Die Hanfpflanzen und das Zubehör wurden sichergestellt. Neben einem Bußgeld wegen der angebrannten Spätzle wird wegen Anbaus illegaler Drogen ermittelt.

Alice im Wunderland

Fündig wurde die Polizei auf einem Parkplatz für Lastwagen kurz vor der Grenze nach Österreich. Als die Streife einen Wagen aus dem benachbarten Land kontrollierte, schlug den Beamten starker Cannabisdunst aus dem offenen Fenster entgegen. Während sie das Auto kontrollierten, hoppelte ein kleines weißes Kaninchen heran, um das Geschehen aus der Nähe zu beobachten. Die Ordnungshüter hatten die plötzliche Anwesenheit des Tiers nicht bemerkt, wohl aber der Fahrer des durchsuchten Fahrzeugs. Prompt fragte er, ob die Polizei jetzt auch »Drogenhasen« einsetze. Die Fahnder blickten sich zunächst vielsagend an, entdeckten dann allerdings ebenfalls das neugierige Langohr vor dem Wagen. Zumindest in dieser Hinsicht konnten sie Entwarnung geben, die Dienste der Schnüffelnase wurden nicht gebraucht. Dafür durfte das Kaninchen mit auf die Wache. Mithilfe der tätowierten Nummer in den Ohren des Tieres konnte der Züchter ausfindig gemacht werden.

Benebelt

Einen verhängnisvollen Fehler beging ein Dealer am Bahnhof Übach-Palenberg in der Nähe von Aachen (Nordrhein-Westfalen). Ausgerechnet zwei Polizisten in Zivil fragte er nach sogenannten »Long Papers«, speziellem Zigarettenpapier, das gerne für Joints genutzt wird. Wie im Polizeibericht steht, »verneinten die Beamten diese Bitte, konnten ihm aber dafür andere ›Papiere‹ zeigen, in diesem Fall ihre Dienstausweise«. Bei der anschließenden Durchsuchung des Mannes wurden mehr als 50 Gramm Marihuana sichergestellt.

Vom Winde verweht

Mitten auf der Autobahn 66 in Hessen gelang der Polizei ein großer Coup gegen den internationalen Drogenschmuggel. Bei dem Erfolg des Einsatzes halfen zum einen der oftmals segensreiche Zufall und zum anderen ein gewisses Grundbedürfnis des Menschen. Ein 67-jähriger Mann und eine 40-jährige Frau befanden sich mit ihrem Wohnmobil auf der Rückfahrt von Alicante (Spanien) nach Berlin. Wohl um die Urlaubskasse aufzubessern, hatten sie sich von Hintermännern aus Italien als Drogenkuriere anheuern lassen. Da der Mann auf der langen Reise dringend einem menschlichen Bedürfnis nachgeben musste, stoppte er kurz nach der Autobahnausfahrt Bad Orb/Wächtersbach im Main-Kinzig-Kreis auf dem Standstreifen. Dummerweise rauschte in diesem Moment ein Lastwagen so dicht an dem Caravan vorbei, dass dessen Aufbau vollkommen demoliert wurde. Dabei purzelte das darin in Folien verpackte Rauschgift kiloweise auf die Straße. Die heraneilenden Einsatzkräfte mussten die Autobahn weiträumig absperren. »Die Fahrbahn in Richtung Fulda und die angrenzende Böschung war nach dem Unfall von Ein-Kilogramm-Päckchen mit Marihuana regelrecht übersät«, berichtete die Polizei. Offensichtlich waren die Drogen in sämtlichen Hohlräumen und im Dach des Wohnmobils versteckt gewesen. Die Drogenfahnder gingen von einer Gesamtmenge von 140 Kilogramm Rauschmittel im geschätzten Straßenverkaufswert von rund einer Million Euro aus. Drei Kilo davon seien allerdings durch den Unfall »vom Winde verweht«. Das zum Glück unverletzt gebliebene Schmuggelpärchen wurde festgenommen und legte ein umfassendes Geständnis ab.

Wildpinkeln

Einfach irgendwo das Wasser lassen, das sollte man lassen. Denn Urinieren in der Öffentlichkeit (Amtsdeutsch: »Wildpinkeln«) fällt als Ordnungswidrigkeit unter den Begriff »Erregung eines öffentliches Ärgernisses« und kann mit einem Bußgeld zwischen 35 und 5.000 Euro geahndet werden. Oder man landet unter Umständen gleich in der Justizvollzugsanstalt, wie einem Mann in Kiel (Schleswig-Holstein) geschehen. Eines Sonntags um 5 Uhr in der Früh erwischten ihn zwei Streifenbeamten dabei, wie er gerade ein unabweisbares menschliches Bedürfnis in der Innenstadt verrichtete. »Nicht in einem Gebüsch«, hieß es in der Polizeimeldung, »sondern mitten auf der dortigen baulichen Fahrbahntrennung«. Als die Beamten die Personalien des »Wildpinklers« überprüften, stellte sich heraus, dass gegen ihn ein offener Haftbefehl über 150 Tage wegen Diebstahls vorlag.

Volksaufstand?

Der Anblick war martialisch: Etwa 30 junge Menschen hatten sich im baden-württembergischen Singen versammelt, mit Masken über den Köpfen und mit Baseballschläger und Samuraischwert bewaffnet. Die Polizei rückte mit mehreren Streifenwagen an, um die Personengruppe in Schach zu halten. Nach kurzer Befragung konnten die Beamten Entwarnung geben: Die vermummten Männer und Frauen führten nichts Böses im Schilde, sondern drehten ein Musikvideo. Eine Verwarnung gab es dennoch, weil die Dreharbeiten nicht angemeldet waren.

Klappe fällt

Zu einem Zufallsfund führten die Dreharbeiten eines Filmteams in Kaiserslautern (Rheinland-Pfalz), das wegen eines Interviews in der Stadt zugange war. Den Fernsehmachern fiel im Hintergrund eine Gruppe von Männern auf, deren Verhalten verdächtig erschien. Offensichtlich wurden die Kameraleute Zeuge eines Drogengeschäftes. Die hinzugezogene Polizei waltete ihres Amtes, der mutmaßliche Drogendealer wurde festgenommen.

Verbummelter Raucher

Dass Rauchen nicht nur gesundheitsschädlich ist, sondern auch ernsthafte Konsequenzen für das persönliche Wohlergehen nach sich ziehen kann, musste ein Mann aus Chemnitz (Sachsen) am eigenen Leib erfahren. Der 31-Jährige wollte auf einer Zugfahrt einen kurzen Zwischenhalt in Bremen nutzen, um auf dem Bahnsteig eine Zigarette zu rauchen. Doch plötzlich fuhr der Zug ohne ihn, jedoch mit dem im Abteil zurückgelassenen Rucksack weiter. Der verbummelte Raucher kontaktierte die Deutsche Bahn und bat darum, sein alleinreisendes Gepäck im Hauptbahnhof in Hannover beim *Service Point* zu deponieren, wo er es mit dem nächsten Zug abholen wolle. Soweit kein Problem, sollte man meinen. Allerdings fiel den Mitarbeitern in Hannover ein ungewöhnlicher Geruch am herrenlosen Rucksack auf, woraufhin sie die Bundespolizei benachrichtigten. Die entdeckte 50 Gramm Marihuana. Als der trödelnde Reisende hoffnungsfroh am Bahnhof in Hannover eintraf, wurde er festgenommen. Bei der Befragung auf der Wache kamen weitere zehn Gramm Marihuana zum Vorschein. Die Drogen wurden beschlagnahmt und ein Ermittlungsverfahren »wegen unerlaubten Besitzes von Betäubungsmitteln« eingeleitet.

Auf die Sprünge geholfen

Nicht selten führt Kommissar Zufall die Ermittler auf die richtige Spur. Als die Berliner Polizei einen 23-Jährigen wegen einer nicht bezahlten Geldstrafe für eine Befragung aufsuchte, fand sie den Mann zunächst in seiner Wohnung nicht vor. Doch die Beamten entdeckten ihn nebenan. Der Gesuchte, die Nachbarin und drei weitere Männer waren von dem unverhofften Besuch nicht allzu begeistert, da er ihrem frohen Stelldichein beim gemeinschaftlichen Cannabiskonsum ein jähes Ende bereitete. Vor den Augen der Ordnungshüter gesellte sich sodann eine sechste Person zu der illustren Runde. Da das Interesse der Polizisten schon einmal geweckt war, wurden deren Sachen ebenfalls untersucht, wodurch weitere Betäubungsmittel und Zubehör sichergestellt werden konnten. Und da sich die Gelegenheit dazu anbot, wurde ein Drogenspürhund hinzugezogen, der in der Wohnung weitere illegale Substanzen aufstöberte. Wie sich letzten Endes herausstellte, hatte der ursprünglich gesuchte 23-Jährige mit dem Drogenhandel gar nichts zu tun und durfte wieder seines Weges ziehen. Was die Beamten allerdings nicht davon abhielt, die übrigen Verdächtigen festzunehmen.

Pechsträhne

Einen schlechten Tag erwischte ein 42-Jähriger aus Frankenthal (Rheinland-Pfalz). Das Unglück ereilte ihn schon am frühen Morgen, als er wegen seines verloren gegangenen Gepäcks von einem Rückflug verspätet zu Hause eintraf. Das darauffolgende Telefonat mit seiner Exfrau artete in einen handfesten Streit aus, sodass er in seiner Wut gegen einen Spiegel schlug und sich die Hand dabei verletzte. Daraufhin setzte er sich in seinen Pkw, um die Verletzung in einem nahen Krankenhaus versorgen zu lassen. Einem Zeugen war allerdings nicht verborgen geblieben, dass der Mann offensichtlich leicht angetrunken seinen Wagen steuerte, und verständigte die Polizei. Der hierauf veranlasste Atemalkoholtest ergab einen Wert von 0,91 Promille – vier Wochen Fahrverbot und ein Bußgeldverfahren waren die Folge. Doch die Pechsträhne riss nicht ab, am Ende des Unglückstages hatte er sich auch noch ausgesperrt und musste sich durch ein eingeschlagenes Kellerfenster Zutritt zu seiner eigenen Wohnung verschaffen, wie die Polizei Frankenthal mitteilte.

Kuh im Blick

Die Besatzung eines Streifenwagens in Hessen wollte ihren Augen nicht trauen, als sie durch die Heckscheibe des vorausfahrenden Seat-Kastenwagens von einer Kuh angestarrt wurden. Da gerade Fasching war, gingen die Beamten zunächst von einem Karnevalsrequisit oder einem aufwendigen Kostüm aus. Die folgende Überprüfung des Fahrzeugs ergab jedoch einen eindeutigen Befund: Bei der Kuh handelte es sich um ein höchst lebendiges Tier, das der Fahrer in seinem kompakten Wagen durch die Gegend kutschierte. Der 47-Jährige gab bereitwillig an, das Rind zu einem Bauernhof in der Gemeinde Malsfeld (Hessen) bringen zu wollen. Ungeachtet dessen, »dass ein solcher Transport für ein Rind völlig ungeeignet ist«, so der Polizeibericht des Präsidiums Nordhessen, »hatte der Fahrer das Tier nur mittels eines Seiles an seiner Anhängekupplung festgemacht«. Das Rind stand mit dem Gesicht zur Heckklappe ungesichert im kleinen Laderaum, sodass der Mann dessen Hinterteil im Fond ständig im Blick hatte. Die Beamten handelten pragmatisch: Um das Tier nicht noch mehr zu beunruhigen, beließen sie es zunächst im Auto und eskortierten es »im Sinne der Tiergesundheit mit reduzierter Geschwindigkeit unter besonderer Absicherung zu dem nur noch wenige Kilometer entfernten« Bestimmungsort. Allerdings erhielt der Mann hinter dem Steuer nicht nur eine Anzeige wegen »der sehr mangelhaften Ladungssicherung«, sondern wurde auch dem zuständigen Veterinäramt aufgrund tierärztlicher Verstöße beim Transport gemeldet. Dass der TÜV des Kastenwagens bereits seit drei Monaten abgelaufen war, bildete lediglich das i-Tüpfelchen der unüberlegten Aktion.

HEISSER ASPHALT

Der erste Strafzettel

Ein Mitglied der Familie des Nähgarnherstellers Gütermann machte in besonderer Hinsicht von sich reden. Als Alexander Gütermann erstmals von Carl Benz und seinem Motorwagen hörte, stand für ihn fest: So einen wollte er haben. 1894 kaufte er die *Benz Victoria* mit der Seriennummer 99 und überführte den Wagen eigenhändig von Benz' Werkstatt in Ladenburg bei Mannheim nach Gutach (Baden-Württemberg). Der frischgebackene Motorwagenbesitzer sorgte gleich für eine weitere Sensation: Am 16. Mai 1895 soll er vom Bezirksamt Waldkirch den ersten Strafzettel der Welt erhalten haben, weil er mit seiner Neuerwerbung eindeutig schneller als erlaubt unterwegs war. Angeblich hatte sein rasanter Fahrstil sogar die Vorhänge einer Wirtschaft zum Flattern gebracht. Obwohl mancher Historiker bezweifelt, dass es tatsächlich das erste Vergehen dieser Art war, gilt Alexander Gütermann für viele noch als erster Temposünder in der Automobilgeschichte. Hoch war die Strafe übrigens nicht: Für sein Vergehen, das sich in Denzlingen ereignet hatte, musste er gerade mal drei Reichsmark bezahlen.

Ohne Sprit kommt man nicht weit

Einen reinen Routinefall vermutete ein Polizist, dem auf dem Heimweg von der Nachtschicht bei Laufenburg-Hauenstein in Baden-Württemberg ein liegengebliebener SUV am Straßenrand aufgefallen war. Da das vermeintliche Pannenfahrzeug den nachfolgenden Verkehr behindern könnte, waltete er seines Amtes. Nicht nur der extrem legeren Bekleidung wegen machte der Mann hinter dem Steuer einen ziemlich verwirrten Eindruck. Wie sich herausstellte, stand der 37-Jährige erheblich unter Drogeneinfluss (THC und Kokain). Im weiteren Verlauf der Ermittlungen zeigte sich, dass der hochwertige Pkw aus einem Carport in Schopfheim gestohlen worden war. Weit indes war der Dieb nicht gekommen. Als der Beamte den Fahrer antraf, war diesem nach zirka 30 Kilometer Fahrt schlicht und ergreifend der Sprit ausgegangen.

Aufgetankt

Ein leerer Tank bremste ein Ehepaar aus Norwegen im Sommer 2017 auf der Autobahn bei Arsten (Bremen) aus. Der Mann machte sich mit dem mitgeführten Fahrrad auf den Weg, um an der nächsten Tankstelle Benzin zu holen, derweil wartete die Frau im gesicherten Wohnmobil auf ihn. Und wartete. Als ihr Gatte auch Stunden später nicht zurückgekehrt war, machte sie sich Sorgen und alarmierte die Polizei. Gegen 1 Uhr nachts wiederum ging bei den Bremer Einsatzkräften ein Anruf der Kollegen aus Stuhr ein, auf dem dortigen Schützenfest sei ein Mann aufgefallen, der sich verirrt habe. Bei ihm handelte es sich in der Tat um den vermissten 65-Jährigen aus dem Wohnmobil. Auf der Suche nach Kraftstoff war er erfolgreich gewesen und hatte neben zwei Flaschen Benzin auch reichlich Alkohol getankt. Der Bulli wurde auf ein Tankstellengelände geschleppt und das Paar dort wieder zusammengeführt.

Zugedröhnt am Zoll

Einen vollen Beutel mit Urin samt zugedröhntem Fahrer entdeckten Zollbeamte bei einer Grenzkontrolle an der deutsch-schweizerischen Grenze in Weil am Rhein (Baden-Württemberg). Bei der Überprüfung des Fahrzeugs fanden die Beamten mehrere Gramm Marihuana, auf die sie durch den durchdringenden süßlichen Geruch im Auto aufmerksam geworden waren. Damit nicht genug, ergab die darauffolgende Durchsuchung des jungen Mannes, dass dieser in seiner Unterhose einen Beutel mit Eigenurin versteckt hatte, der vermutlich bei einem möglichen Urintest zu einer Verfälschung des Testergebnisses eingesetzt werden sollte. Genug Stoff für eine Anzeige.

Erst im Bett, dann ins Revier

Ein charmantes Zusammentreffen ereignete sich an einem frühen Sonntagmorgen auf einer Bundesstraße in Baden-Württemberg, als zwei Fahrzeuge aus Richtung Lörrach zusammenstießen. Ein Schweizer Pkw war auf einen schwarzen Wagen mit Lörracher Kennzeichen aufgefahren, der an einer Ampel ordnungsgemäß gehalten hatte. Der 24-jährige Unfallverursacher hatte keinen Sicherheitsgurt angelegt, wurde aber glücklicherweise nur leicht verletzt. Auch die 23-jährige Fahrerin des schwarzen Pkw blieb unverletzt. Das Kuriose an diesem alltäglichen Unfall: Beide Personen waren einander nicht fremd. Sie hatten es am Abend zuvor ordentlich krachen lassen und die Nacht miteinander verbracht. Dass man sich so schnell wieder vereinte, war allerdings nicht geplant. Um das Maß vollzumachen, durften beide Beteiligte gemeinsam das Revier in Lörrach aufsuchen, da beider Alkoholgehalt im Blut deutlich höher war, »als so ein Führerschein gemeinhin verträgt«, wie die Polizei schreibt.

Hinein ins Vergnügen

Ordentlich geladen hatte ein 54-Jähriger, der mit seinem Pkw zunächst in Heubach (Baden-Württemberg) auf einem Weihnachtsmarkt in einen Verkaufsstand krachte und im

Anschluss den Wagen einfach am Unfallort stehen ließ – um auf dem Markt weiterzutrinken. Daran hinderte ihn auch nicht die Tatsache, dass der 55-jährige Standbetreiber bei dieser Aktion verletzt worden war. Danach setzte sich der Mann wieder ins Auto, um es in der Nähe abzustellen. Als er gerade einparken wollte, wurde er von einer Polizeistreife gestoppt. Unfallschaden: geschätzt 4.000 Euro.

O du Fröhliche

Ein recht martialisches Weihnachtsgeschenk führte ein Fahrer auf der A5 bei Offenburg in Baden-Württemberg mit sich im Auto. Ein ihn überholender Pkw-Lenker meinte auf der Rückbank des Wagens eine großkalibrige Waffe, Handschellen und Funkgeräte ausgemacht zu haben und alarmierte die Polizei. Sofort nahmen mehrere Streifen die Fahndung auf und erwarteten den ahnungslosen Mann vor dessen Haustür. Die verdächtigen Gerätschaften entpuppten sich als harmlose Spielzeug-»Polizeiausrüstung«, die der Familienvater für seine beiden Söhne als Weihnachtsgeschenk gekauft hatte.

Pizza an Bord

Bleibenden Eindruck bei der Mannschaft eines Videofahrzeugs der Polizei hinterließ ein BMW auf der A5 bei Offenburg (Baden-Württemberg). »PIZZA«, prangte groß auf dem Nummernschild des schwedischen Wagens. So ein Fantasiekennzeichen ist zwar ziemlich skurril – aber völlig legal. Zumindest in Schweden. Dort sind sie sogar durchaus alltäglich, wie die Beamten recherchierten, nachdem sie den Pizza-Fahrer auf eine Raststätte geleiteten und überprüft hatten. Gemäß den mitgeführten Papieren und auf Nachfrage beim Gemeinsamen Zentrum in Padborg, das für die grenzübergreifende polizeiliche Zusammenarbeit zwischen Deutschland und Schweden zuständig ist, sind derlei Fantasiekennzeichen in Schweden erlaubt. Das gilt natürlich nicht für Fahrzeuge, die auf deutschen Straßen unterwegs sind, wie die Polizei mitteilte. Um weitere Kontrollen zu vermeiden, montierte der BMW-Fahrer die Kennzeichen ab und ersetzte sie durch die regelkonformen schwedischen Nummernschilder. Es war übrigens nicht das erste Mal, dass der Pizzaliebhaber auf seiner Tour von Italien nach Schweden kontrolliert wurde. Auch in Italien seien seine Fahrzeugpapiere deshalb überprüft worden. Allerdings durfte er dort ohne Beanstandungen seine Fahrt fortsetzen – schließlich wurde die Pizza in »bella Italia« erfunden.

Heiße Reifen

Ein Mann in Baden-Württemberg wurde auf der Bundesstraße gestoppt, als er mit 190 Stundenkilometern durch eine Tempo-80-Zone fuhr. Erstaunlicherweise war nicht etwa eine plötzliche Niederkunft der schwangeren Freundin auf dem Beifahrersitz der Grund für die rasante Fahrt, »sondern dass eine in einer Pizzeria bestellte Pizza fertig sein müsste«, erklärte die Polizei. Diese dürfte die teuerste Pizza aller Zeiten für den heißhungrigen Temposünder gewesen sein – 1.200 Euro Bußgeld und drei Monate Fahrverbot sind die übliche Strafe bei einer solch eklatanten Geschwindigkeitsüberschreitung.

Drängendes Bedürfnis

Teuer dürfte ein unaufschiebbares menschliches Bedürfnis für einen jungen Mann in Bad Neustadt an der Saale (Bayern) geworden sein. Wie er sagte, habe er beim Joggen plötzlich dringend auf eine Toilette gemusst und deshalb ein Auto gestohlen. Obwohl er kurze Zeit später den Wagen unbeschadet wieder zurückgebracht hatte, bekam der 18-Jährige mächtig Ärger: Dabei hat auch eine Rolle gespielt, dass der junge Mann über keinen Führerschein verfügte.

Mit dem Schulranzen auf Verfolgungsjagd

Ein junger Autofahrer hielt bei Lahr (Baden-Württemberg) bei einer spektakulären Verfolgungsjagd die Polizei in Atem. Während eines Routineeinsatzes kam einer Funkstreife ein Pkw entgegen, dessen Fahrer beim Anblick des Polizeiautos flugs auf den unbefestigten Grünstreifen auswich, dabei die Böschung hinunterrutschte und schließlich den Wagen fluchtartig verließ. Die Verfolgung durch das angrenzende Maisfeld wurde abgebrochen, da der Verdächtige bereits außer Sicht war. Doch während die Suchaktion noch lief, kehrte dieser zum Fahrzeug zurück und setzte seine Flucht in Richtung Friesenheim fort.

Das Spiel wiederholte sich – der Gesuchte begegnete erneut einem Streifenwagen und machte sich wieder vom Acker – nicht ohne dabei mehrere Obstbäume zu streifen und mit dem Wagen in dem völlig aufgeweichten Boden stecken zu bleiben. Wieder setzte er die Flucht zu Fuß fort. Inzwischen waren bereits sechs Einsatzfahrzeuge an der Fahndung beteiligt und ein Hubschrauber war angefordert worden. Bis dahin war noch völlig unklar, warum sich der Verdächtige so hartnäckig der Polizei entzog. Eine zivile Streife überprüfte in der Zwischenzeit die Anschrift des Fahrzeughalters. Vor Ort staunten die Ermittler nicht schlecht, als nach einer Viertelstunde ein völlig erschöpfter Knabe völlig erschöpft auftauchte. Es war der zwölfjährige Filius der Familie, der sich den Wagen des Vaters für eine kleine Spritztour »geborgt« hatte – im Kofferraum fanden die Fahnder noch den Schulranzen des Jungen. An dem neuwertigen Pkw entstand erheblicher Sachschaden. »Was den jungen Mann bewogen hat, sich das Fahrzeug zu ›leihen‹, wird sicher familienintern noch besprochen«, schließt der Polizeibericht.

Raser im Fluss

Sehr eilig hatte es an Weihnachten ein Dieb, der in Wilhelmshaven (Niedersachsen) ein Auto gestohlen hatte. Als der betrunkene 23-Jährige in eine Verkehrskontrolle geriet, hatte er nicht nur keinen Führerschein vorzuweisen, er beleidigte zudem die Beamten und bedrohte sie sogar mit dem Tod. Dann brauste er davon. Weit kam er indes nicht – nach ein paar Kilometern kam er von der Straße ab und raste mit sage und schreibe 200 Stundenkilometern in den Fluss Maade. Zu seinem Glück blieb er unverletzt, der Wagen konnte mit einem Kran geborgen werden. Schaden: 50.000 Euro.

Das Geld liegt auf der Straße

Ein nicht ganz alltäglicher Unfall ereignete sich auf der A5 zwischen Herbolzheim und Appenweier (Baden-Württemberg). Der Grund: unverhoffter Geldsegen. Da ein Motorradfahrer an diesem Streckenabschnitt eine größere Menge Bargeld in 20- und 50-Euro-Banknoten verloren hatte, sahen sich zwei Verkehrsteilnehmer genötigt, mal eben kurz auf dem linken Fahrstreifen anzuhalten und die Geldscheine von der Fahrbahn einzusammeln. Nicht wirklich gut durchdacht: Ein nachfolgender 66 Jahre alter Autofahrer konnte noch rechtzeitig abbremsen, ein 33-Jähriger fuhr jedoch auf. Zum Glück blieben beide Männer unverletzt, Schaden: 10.000 Euro. Die beiden Verkehrsteilnehmer, die den Unfall durch ihre Sammelaktion verursacht hatten, machten sich eiligst davon.

Übrigens kein Einzelfall. Unerwarteter Geldregen auf der A98 bei Weil am Rhein (Baden-Württemberg) führte zu einer kurzzeitigen Sperrung. Wie die alarmierte Polizei beobachtete, flatterten Banknoten über die Fahrbahn. Um etwaigen Unfällen vorzubeugen, sperrten die Beamten den Autobahnabschnitt kurzfristig ab, sammelten die verloren gegangenen 200 Euro ein und fanden am Straßengraben zudem das dazugehörige Portemonnaie. Wie sich herausstellte, hatte ein Taxifahrer seinen Geldbeutel auf dem Autodach abgelegt und vergessen, als er losfuhr.

Noch mehr Scheine flogen in den Niederlanden in der Nähe der Stadt Elsloo auf die Straße, als sich die hintere Tür eines Geldtransporters öffnete und ein Behälter mit unzähligen Zehn-, Zwanzig- und Fünfzig-Euro-Noten herausfiel. Das führte erwartungsgemäß zu einem Massenstau, da sich viele Verkehrsteilnehmer erbötig zeigten, beim »Aufräumen« mitzuhelfen. Die Polizei hatte mehr als eine Stunde zu tun, um den Verkehr wieder in geordnete Bahnen zu leiten. Wie viel Geld genau verloren ging, blieb zunächst unklar. Einige der fleißigen Sammler brachten die Banknoten reuevoll zur Polizei, viele andere hingegen nicht.

Blinder Passagier

Einen waschechten Trittbrettfahrer musste die Polizei auf der A100 bei Berlin in Gewahrsam nehmen – zu dessen eigener Sicherheit. Der Mann hatte es sich auf dem Fahrradträger eines *Flix*-Busses gemütlich gemacht. »Oben ohne«, die Hände lässig auf dem Fahrradträger abgelegt, saß er mit baumelnden Beinen auf der hinteren Stoßstange – während der Fahrt wohlgemerkt. Zu seinem Glück, so muss man sagen, hatte der Fahrer eines Abschleppdienstes den blinden Passagier entdeckt und die Polizei gerufen. Damit nicht genug, dem engagierten Mann gelang es zudem, den Bus zum Anhalten zu bewegen. Die Polizisten konnten im Anschluss den Schwarzfahrer auf dem Seitenstreifen einsammeln. Wie sich herausstellte, war der junge Mann dermaßen betrunken, dass ein Atemalkoholtest nicht möglich gewesen war. Gegen ihn wurde ein Strafverfahren wegen gefährlichen Eingriffs in den Straßenverkehr eingeleitet. Denn nicht wenige Pkws hatten sich gezwungen gesehen, scharf abzubremsen, um den blinden Passagier nicht noch womöglich zu überfahren, wie die Polizei mitteilte.

Tiger im Tank

Großalarm in Edenkoben (Rheinland-Pfalz): Ein verletzter Tiger treibe sich auf der Autobahn herum! Das behauptete zumindest ein rumänischer Lkw-Fahrer, der sich sicher war, das Raubtier auf der A65 in Richtung Karlsruhe angefahren zu haben. Die Beamten eilten vor Ort, konnten aber erleichtert feststellen, dass es sich bei dem verunglückten Tier nicht um eine gefährliche Großkatze, sondern um einen Rehbock handelte, der bei der Überquerung der Fahrbahn erfasst wurde. Der Rest war Routine, der Wildunfall wurde aufgenommen und die Autobahnmeisterei verständigt. Verständigungsschwierigkeiten waren indes der Grund, dass aus dem Rehbock ein Tiger geworden war. Der rumänische Lkw-Fahrer hatte sich schlichtweg im Tiernamen geirrt.

Skurrile Bankräuber

Wenn man ältere Autos mit einer Parkbank auf dem Dach herumfahren sieht, muss man sich nicht zwingend Gedanken um die eigene psychische Gesundheit machen. Womöglich handelt es sich bei den seltsamen Fahrzeugen um die Teilnehmer einer skurrilen Rallye, wie die folgende im Oberen Wiesental in Baden-Württemberg. Mehrere besorgte Bürger hatten im Sommer 2018 die Polizei übereinstimmend über etliche »komisch aussehende Autos« in Richtung Lörrach informiert, deren Insassen immer wieder stoppten und gestohlene Parkbänke auf ihre Fahrzeuge hievten. Die Ordnungshüter entsandten alle verfügbaren Kräfte und richteten in Schönau und Zell Kontrollstellen ein. Bald wurden die Beamten fündig und konnten Entwarnung geben.

Bei den vermeintlichen »Bankräubern« handelte es sich um Teilnehmer des *Carbage Run 2018*, einem fünftägigen Roadtrip quer durch Europa. Teilnahmevoraussetzungen waren unter anderem ein Auto, dessen Wert 500 Euro nicht übersteigen durfte, das älter als 15 Jahre war und ordnungsgemäß vom TÜV zugelassen sein musste. Die Tagesaufgabe der Schwarzwaldetappe bestand darin, ein Foto des Vehikels mit einer Parkbank auf dem Dach zu schießen. Also hielten die Rallye-Fahrer eifrig Ausschau nach geeigneten Sitzgelegenheiten, die sie jedoch nach dem Fotoshooting wieder ordnungsgemäß an ihren angestammten Platz zurückstellten. Nachdem der Sachverhalt von der Polizei gewissenhaft geklärt war, durften die Teilnehmer weiterfahren – allerdings mit einer Zeiteinbuße auf der Etappe.

Mobiles Wohnmöbel

Auf die Bequemlichkeiten eines Sofas mag mancher auch unterwegs nicht verzichten. Allerdings kann der erhöhte Fahrkomfort leicht zu Unfällen führen, wie die Polizei im Frühjahr 2020 im Landkreis Eichsfeld (Thüringen) bestätigte. Zwischen den Orten Kefferhausen und Küllstedt war ein motorisiertes Sofa aus ungeklärter Ursache in einem Straßengraben gelandet. Bei dem kuriosen Gefährt handelte es sich um ein Motorrad, das mit einer zweispurigen Vorderachse zu einem Dreirad umgebaut worden war. Vor dem Lenker hatte der komfortliebende Bastler ein zweisitziges Sofa befestigt. Da das Fahrzeug weder über eine Straßenzulassung noch ein amtliches Kennzeichen verfügte, mussten die Beamten es nach der Unfallaufnahme zügig aus dem Verkehr ziehen. Auf den kreativen Autoschrauber kamen ungemütliche Zeiten zu – nicht nur, weil drei der Mitfahrer bei dem Unfall verletzt wurden.

Flaschen auf Rädern

Im Ranking der kuriosesten Fahrzeuge dürfte das selbstgebaute Gefährt eines Bastlers aus Winnenden (Baden-Württemberg) ganz vorne liegen. Eine Streifenbesatzung hatte einen jungen Mann aus dem Verkehr gezogen, der mit einer fahrenden Bierkiste Marke Eigenbau unterwegs war. Die rasante Flaschenkiste war mit einem zehn PS starken Motor ausgestattet und brachte laut Polizei locker 30 bis 50 Stundenkilometer auf den Tacho.

Unterwegs mit 2 PS

Eher nostalgisch denn gemütlich unterwegs waren zwei Pensionäre aus Frankreich, die in der Nähe von Hauenstein (Baden-Württemberg) mit einem Pferdegespann auf die Autobahn A98 geraten waren. Der Grund für die Irrfahrt dürfte dem unzureichenden Kartenmaterial und der fehlenden Ortskenntnis der Planwagenfahrer geschuldet gewesen sein. Die Lenkerin der Kutsche hatte ihren Fehler allerdings selbst bemerkt, vernünftigerweise auf ein Wendemanöver verzichtet und stattdessen ihre zwei Pferdestärken zügig auf die nächste Ausfahrt getrieben, wie die Polizei mitteilte. Die Pensionäre waren auf der Rückfahrt von ihrem Urlaub in Bayern.

Rasendes Einhorn

Was dem einen die Pferdekutsche, ist einem anderen – das Einhorn. Dass diese entzückenden Fabelwesen nicht nur in den Köpfen vieler Mitmenschen herumgaloppieren, sondern auch auf bundesdeutschen Straßen unterwegs sein können, bewies eine 42-jährige Autofahrerin aus Großbritannien. Laut der Polizeidirektion Pirmasens (Rheinland-Pfalz) sei einer Streife ein reich verziertes Gefährt auf der Bundesstraße aufgefallen. Das originelle detailreiche Dekor war allerdings nicht mit der Straßenverkehrsordnung in Einklang zu bringen. Rund um den Kühlergrill war ein Horn aus Schaumstoff befestigt, aus Spanplatten gefertigte Flammen umzüngelten den Motorraum und ein orangefarbener »Rundumlicht-Balken« samt Lautsprecher, der jenen von Einsatzwagen ähnelt, thronte auf dem Dach. Die absolute Krönung indes befand sich am Heck des Fahrzeugs: Aus Plastikeimern gebastelte und bemalte »Triebwerke« sollten dem Fantasiegefährt wohl den nötigen Schub verleihen. Aus dem großen »Turbineneimer« in der Mitte züngelten gar Flammen. So viel praktisch veranlagte Fantasie war denn doch zu viel für einen ordnungsgemäßen Betrieb auf der Straße. Der Fahrzeugbesitzerin wurde die Weiterfahrt untersagt und sie musste die »unzulässigen Teile« ihres »Wonky Racers« (»Wackeliger Raser«) demontieren.

Rasende Bobbycars

Mit illegalen Rennen auf öffentlichen Straßen bekommen Polizeibeamte es immer häufiger zu tun. Eine besondere Variante dieser oft lebensgefährlichen Aktionen boten zwei junge Männer, die sich in Neuffen im Kreis Esslingen (Baden-Württemberg) ein Straßenrennen mit Bobbycars lieferten. Nachts um 23 Uhr düsten die beiden zur Tatzeit 21 und 29 Jahre alten Männer auf ihren umgebauten Kinderfahrzeugen durch die Altstadt in Richtung Hauptstraße. Zwei in einem regulären (ausgewachsenen) Streifenwagen vorbeifahrende Polizisten wurden auf die beiden Nachwuchsrennfahrer aufmerksam und sorgten für einen ungeplanten Boxenstopp. Wie die Polizei mitteilt, haben Bobbycars oder Seifenkisten im öffentlichen Verkehrsraum nichts zu suchen. Die niedrigen und in der Regel unbeleuchteten Gefährte ohne Knautschzonen könnten zu leicht übersehen werden – erst recht bei Dunkelheit.

Verirrter Rollstuhl

Auch mit dem Rollstuhl sollte man nicht unter Alkoholeinfluss fahren. So musste die Polizei bei Schwetzingen (Baden-Württemberg) einen Rollstuhlfahrer stoppen, der mit seinem Gefährt samt Vorspannbike partout auf die Autobahn auffahren wollte. Der 28-Jährige behauptete, er habe sich lediglich auf sein Navigationsgerät verlassen und sei deshalb auf Abwege geraten. Dabei ist er der Besatzung eines Rettungswagens aufgefallen, weil das mit einem Vorspannbike aufgerüstete Gefährt unbeleuchtet unterwegs war und in Schlangenlinien fuhr. Ein Alkoholtest des Rollstuhlfahrers ergab einen Wert von 1,3 Promille.

Oma ausgebremst

Schlangenlinien fuhr auch eine Seniorin aus Offenburg (Baden-Württemberg). In den frühen Morgenstunden gegen 2.30 Uhr wurde die Polizei über ein Fahrzeug informiert, das über den Südring bretterte und dabei sämtliche Fahrspuren in Beschlag nahm. Die Besatzung eines Streifenwagens hatte die nachtaktive Rentnerin bald ausgemacht und wollte sie mit deutlichen Signalen zum Anhalten bewegen. Vergebens, die Beamten wurden stoisch ignoriert. Die Polizisten überholten den Wagen der Seniorin und versuchten, das Fahrzeug in einigem Abstand langsam bis zum Stillstand auszubremsen. Das gelang der Streifenwagenbesatzung dann auch, aber anders als gedacht. Trotz der unübersehbaren Signal- und Blinkleuchten am Polizeiauto fuhr die betagte Dame schnurstracks auf den Streifenwagen auf. Mit ein Grund für die Aufmerksamkeitsdefizite dürfte der nicht unerhebliche Alkoholspiegel gewesen sein, wie eine umgehend erhobene Blutprobe zutage brachte.

Es muss nicht immer der Porsche sein

Im Ernstfall kann die Polizei äußerst flexibel sein. Bei einer routinemäßigen Kontrolle auf einem Spielplatz in Warendorf (Nordrhein-Westfalen) hefteten sich die Ordnungshüter an die Fersen eines Jugendlichen, der vor den Beamten weglaufen wollte. Zunächst nahmen sie die Verfolgung mit dem Streifenwagen auf, doch an einem Poller war erst mal Schluss. Zum Glück entsann sich ein Schüler, der das Geschehen interessiert beobachtete, seiner staatsbürgerlichen Pflicht und überließ einem der Polizisten sein Fahrrad. Auf zwei Rädern gelang es dem Beamten, den Verdächtigen einzuholen und zu überwältigen. In der Tasche des Jugendlichen fanden sich mehrere Gramm Marihuana, eine Feinwaage, Bargeld und ein Schlagring. Damit ging es zur Wache, und abschließend wurde der Bursche seiner Mutter übergeben.

Ähnlich kreativ reagierte ein Beamter, der einen Mofafahrer nicht mit dem Polizeiwagen durch eine Kleingartenanlage verfolgen konnte. Kurzerhand griff der Ordnungshüter zu einem alternativen Verkehrsmittel, schnappte sich ein Kinderfahrrad und stellte den Flüchtigen.

Wasser marsch

So ein Sattelschlepper ist nicht leicht zu manövrieren. Davon kann ein 56-Jähriger in Chur (Schweiz) ein Lied singen. Als der Lkw-Fahrer das schwere Gespann auf einem Firmengelände wenden wollte, übersah er einen Hydranten und fuhr ihn um. Eine sieben Meter hohe Wasserfontäne überflutete das Areal und die angrenzende Autobahnunterführung. Die Feuerwehr Chur hatte alle Hände voll zu tun, mehrere Lagerräume auszupumpen. Schließlich gelang es dem zuständigen Wasserwerk, die Zuleitung zum Hydranten zu schließen.

Leichenwagen in Schlangenlinien

Manche träumen davon, mal mit einem Porsche oder einem Ferrari durch die Gegend zu brettern. Nicht so ein 27-jähriger Mann, der stattdessen lieber mit einem Leichenwagen unterwegs war. Einer Polizeistreife war kurz nach Mitternacht in Wilgersdorf (Nordrhein-Westfalen) der Wagen eines Bestattungsinstituts aufgefallen, der in Schlangenlinien unterwegs war. Als die Beamten den Fahrer kontrollieren wollten, nahm der Leichenwagenfahrer quicklebendig die Beine in die Hand und versuchte zu Fuß zu flüchten. Er wurde gestellt und musste wegen erheblichen Widerstands gegen die Staatsgewalt gefesselt werden. Der Grund hierfür dürfte darin zu finden sein, dass der widerspenstige Fahrer keinen Führerschein, dafür aber einen erheblichen Alkoholpegel intus hatte, wie eine Blutentnahme ergab. Wie sich weiterhin herausstellte, hatte der Mann den Leichenwagen für einen Bekannten repariert, und so hatte man nach gemeinsamem Bierkonsum beschlossen, eine Probefahrt zu machen. Fahrer und Fahrzeughalter erwartete eine Strafanzeige.

Leichenwagen gegen Straßenbahn

Ein nicht alltäglicher Unfall ereignete sich im Herbst 2022 in Frankfurt am Main (Hessen). An einer Kreuzung in der Innenstadt fuhr ein Leichenwagen gegen eine Straßenbahn. Der Bestattungswagen wurde durch den Aufprall herumgeschleudert. Zum entstandenen Blechschaden kam hinzu, dass sich durch den Unfall die Heckklappe öffnete und der Sarg auf der Straße landete. Entgegen ersten Meldungen auf dem Polizeinotruf verblieb der Leichnam unversehrt im Sarg, obwohl dieser erheblich beschädigt wurde. Verletzte gab es keine, lediglich der Straßenbahnfahrer trug einen leichten Schock davon.

»Nun mal langsam!«

Nicht gerade als Kavalier der Straße erwies sich ein 65-jähriger Düsseldorfer. Als eine Zivilstreife auf der A2 in Richtung Dortmund (Nordrhein-Westfalen) einige Autos auf der rechten und mittleren Spur überholte, näherte sich ihnen raketengleich von hinten ein Geländewagen. Der *Jaguar* fuhr ausdauernd hupend dicht auf. Als die Beamten nach dem Überholvorgang auf den mittleren Fahrstreifen zurücksetzten, zog der rasende SUV-Pilot links in minimalem Abstand an dem Polizeifahrzeug vorbei, hupte erneut und zeigte den Stinkefinger. Daraufhin gab sich die Zivilstreife mit einem mobilen Blaulicht zu erkennen und verwies den rücksichtlosen Drängler per Haltezeichen auf den nächstgelegenen Autobahnparkplatz. Dort erwartete ihn eine saftige Anzeige wegen Nötigung im Straßenverkehr und Beleidigung.

Wilde Flucht

Eine Szene wie aus einem rasant inszenierten Krimi: Ein Verkehrsteilnehmer meldet einen Pkw, der in Schlangenlinien durch die Mainzer Innenstadt (Rheinland-Pfalz) brettert. Die Besatzung eines Streifenwagens stoppt den verdächtigen Wagen. Die Frau hinter dem Steuer und die Beifahrerin werden angehalten, dem Streifenwagen zu folgen. Nachdem die Damen eine Weile folgsam hinter dem Polizeiauto hergefahren sind, biegen sie plötzlich ab Richtung Rhein. Die Polizisten nehmen die Verfolgung auf und finden den Pkw schließlich vor einem nahe gelegenen Hotel. Die Frauen haben das Fahrzeug jedoch schon verlassen und sind in das Gebäude getürmt. Die Beamten heften sich an ihre Fersen und laufen den Verdächtigen quer durch das Hotel hinterher, wobei sie von den Mitarbeitern tatkräftig unterstützt werden, die ihnen immer wieder die Fluchtrichtung aufzeigen. In der Zwischenzeit sind weitere Einsatzwagen zur Unterstützung hinzugekommen. Schließlich wird von einer Streife in der Nähe eine 19-Jährige gestellt, auf die die Beschreibung im Fahndungsaufruf passt. Auf der Videoaufzeichnung eines nahen Lokals sind die beiden Damen auf ihrer Flucht ebenfalls gut zu erkennen. Die Übereinstimmung ist eindeutig: Bei der 19-Jährigen handelt es sich um die Beifahrerin des Fluchtfahrzeugs. Warum sie überhaupt so überstürzt vor der Polizei geflohen sind, ist wohl einem zuvor verursachten Unfallschaden geschuldet, weswegen die Frauen in Panik geraten waren. Auf der Dienststelle konnte schließlich eine 32-Jährige als Lenkerin des Wagens ermittelt werden. Als Kuriosum am Rande erwies sich die Tatsache, dass deren Führerschein im Intimbereich der Beifahrerin aufgefunden wurde.

Ab durch die Hecke

Ebenso ohne Führerschein unterwegs war ein 23 Jahre alter Radfahrer in Göttingen (Niedersachsen). An und für sich nichts Besonderes. Der junge Pedalritter war den Beamten allerdings aufgefallen, weil er mit hoher Geschwindigkeit und in Schlangenlinien einen abschüssigen Weg hinuntergesaust war. Die Beamten wollten den Raser zunächst nur wegen der mangelhaften Beleuchtung an seinem Fahrrad ansprechen. Kurz vor einer roten Ampel sollte der Mann für eine Kontrolle anhalten. Der grinste nur und rauschte mit den Worten »Nö, keinen Bock« davon – ohne auf Grün zu warten, wie sich denken lässt. Einen zweiten Versuch seitens der Beamten, den Radler zum Anhalten zu bewegen, wurde durch eine halsbrecherische Flucht quer durch die Hecke quittiert, um auf ein Krankenhausgelände zu gelangen. Durch die ihn verfolgenden Polizisten abgelenkt, übersah der Radler eine kleine Beetrosenhecke sowie einen Fahrradständer direkt vor sich. Seine abrupte Vollbremsung brachte ihn ins Schlingern, er stieß mit dem Lenker gegen den Außenspiegel des Streifenwagens und landete schließlich »in einem Beet aus kniehohen Heckenrosen«, wie es im Polizeibericht heißt. Angesichts der erlittenen Schrammen räumte der junge Mann gegenüber den Beamten ein, »dass es eine doofe Idee« gewesen sei, vor der Polizei abzuhauen.

Bulli im Stall

Für eine rasante Verfolgungsfahrt sorgte im November 2021 der Fahrer eines blauen VW-Busses. Beamten der Polizeistation Hanerau-Hademarschen (Schleswig-Holstein) fiel auf, dass der Mann im entgegenkommenden Bulli nicht angeschnallt war. Sie wendeten umgehend ihren Wagen, um »den VW-Bus-Fahrer auf sein Fehlverhalten anzusprechen«, hieß es im Polizeibericht. Der Fahrer hatte die Wendeaktion vermutlich im Rückspiegel beobachtet, gab ordentlich Gas und donnerte mit mehr als 100 Stundenkilometern durch die 400-Einwohner-Ortschaft Bendorf. Jetzt gab es für die Polizisten kein Halten mehr und sie folgten dem Flüchtigen. In dem Versuch, das Polizeiauto abzuhängen, bog der Mann in die Hofeinfahrt eines Bauernhofs ein. Sehr weit kam er nicht. Im Stall, »mitten im Futtergang zwischen den Kühen und der Grassilage«, musste der VW-Bus stoppen. Bei der Kontrolle stellte sich heraus, dass der Fahrer mit falschen Kennzeichen unterwegs war.

Endstation Parkhaus

Der alte Spruch »Freie Fahrt für freie Bürger« gilt nicht im Parkhaus. Diese Erfahrung musste ein 27-jähriger BMW-Fahrer aus Spenge (Nordrhein-Westfalen) machen, der sich nach einem Verkehrsverstoß einer Polizeikontrolle entziehen wollte. Er brauste den Beamten davon und hielt es wohl für eine gute Idee, die Verfolger ausgerechnet in einem Parkhaus abschütteln zu wollen. Mit überhöhter Geschwindigkeit raste der Mann die Rampe hinauf, die Polizei immer hintendran. Irgendwann war Schluss, auf der letzten Ebene des Parkhauses stoppte der 27-Jährige, ließ den 3er-BMW stehen und flüchtete zu Fuß. Doch auch per pedes waren die Beamten schneller und nahmen den Fahrer fest. Wie sich zeigte, lag gegen den polizeibekannten Mann ein Haftbefehl vor. Zudem war er betrunken und stand unter Drogeneinfluss. Der BMW wurde sichergestellt und der Haftbefehl vollzogen.

Einen Gang runtergeschaltet

Auch ohne von der Polizei verfolgt zu werden, kann man als Autofahrer durchaus mal die falsche Einfahrt erwischen. In Friedrichshafen am Bodensee (Baden-Württemberg) ließ sich eine ortsunkundige Fahrerin durch die Beschilderung zur Tiefgarageneinfahrt derart verwirren, dass sie ihren Audi A5 statt zur abwärts führenden Rampe in Richtung Treppe steuerte. Als nach Überwindung der ersten Stufe der Unterboden des Wagens aufsetzte, war die Abfahrt erst einmal beendet. Ein Abschleppdienst half Lenkerin und Beifahrerin aus der Bredouille – zu beider Glück gab es keine größeren Blessuren, weder an der Treppe noch am Audi.

Kein Tunnelblick

Nur Stunden vor dem Jahreswechsel bekam es ein Autofahrer mit der Angst zu tun, als er sich dem Weserauentunnel in Nordrhein-Westfalen näherte. Ein eindeutiger Fall von Tunnelphobie! Da er es nicht wagte hineinzufahren und auf der Schnellstraße auch keine Wendemöglichkeit existiert, parkte der ältere Mann sein Auto ordnungsgemäß und rief die Polizei um Hilfe. Die Beamten rückten sofort aus. Während eine Polizistin den Wagen durch den 1.733 Meter langen Weserauentunnel lenkte, durfte der Mann im Streifenwagen Platz nehmen und wurde von dem Kollegen abgelenkt und dabei sicher ins Freie chauffiert.

Auto in Küche

Trautes Heim, Glück allein …? Von wegen! Nicht wenn man sein Häuschen direkt an einer abschüssigen Straße gebaut hat. Ein Hausbesitzer in Aach-Hohensonne in der Eifel (Rheinland-Pfalz) staunte nicht schlecht, als ihm während des Frühstücks ein Pkw in die Küche krachte. Wie die Polizei mitteilte, wollte ein 64-Jähriger auf der steilen Straße eigentlich rechts abbiegen, fuhr aus ungeklärten Gründen stattdessen geradeaus, durchbrach die Wand des Einfamilienhauses und landete mit der Motorhaube direkt vor den Füßen des Bewohners, der sich gerade einen Kaffee kochte. Hausbesitzer und Unfallverursacher kamen zum Glück genau wie die Statik des Gebäudes ohne größere Blessuren davon, jedoch entstand erheblicher Sachschaden in Höhe von 90.000 Euro an Fassade und dem Mobiliar.

Zeppelin geklaut

Dass jemand einen Zeppelin klaut, dürfte nicht alle Tage vorkommen. In Heidelberg (Baden-Württemberg) hatte es drei jungen Männern offensichtlich in den Fingern gejuckt, als sie einen von der Polit-Jux-Partei *Die Partei* zu Werbezwecken mitgeführten Zeppelin erblickten. Bei der nächstbesten Gelegenheit rissen sie sich das mit Helium gefüllte Wahlkampf-Luftfahrzeug unter den Nagel und führten dieses auf der Uferpromenade am Neckar spazieren.

Als die *Die-Partei*-Mitglieder den dreisten Diebstahl bemerkten, informierten sie eine Polizeistreife, die sich sofort auf die Suche machte. Mit Erfolg, der vier mal ein Meter große Zeppelin war nicht zu übersehen und die drei alkoholisierten Diebe nicht weit. Die Polizisten stoppten ihren Einsatzwagen sofort und schalteten das Blaulicht an. Die abrupte Aktion zwang einen Taxifahrer dahinter ebenfalls zu einer Vollbremsung, allerdings konnte er sein Auto noch rechtzeitig zum Stehen bringen. Nicht so ein darauffolgender Taxichauffeur, der durch das ungewöhnliche Geschehen abgelenkt war und auf das vor ihm stehende Taxi auffuhr. Der Dominoeffekt führte dazu, dass das vordere Taxi auf den Streifenwagen geschoben wurde. Sachschaden: circa 15.000 Euro. Verletzt wurde zum Glück niemand. Die Diebe wurden gestellt und der Zeppelin wieder an den rechtmäßigen Besitzer ausgehändigt.

Rasender Nikolaus

Besonders eiligen Zeitgenossen passiert es schon mal, dass sie im Eifer des Gefechts unverhofft geblitzt werden. Normalerweise kennt die Polizei da kein Erbarmen, Gesetz ist Gesetz. Wenn aber am 6. Dezember ausgerechnet der Nikolaus in die Fänge einer Geschwindigkeitskontrolle gerät, machen die Beamten gerne mal eine Ausnahme. Die Hagener Polizei (Nordrhein-Westfalen) zeigte sich konziliant, als ihnen in einem verkehrsberuhigten Bereich plötzlich der Nikolaus in die Radarfalle ging. Da sein Schlitten etwas zu schnell unterwegs war, wurde er von den Beamten angehalten und überprüft. »Der sichtlich gestresste ältere Herr gab an, dass er noch jede Menge Geschenke verteilen müsse und etwas in zeitlichen Verzug geraten sei«, hieß es im Polizeibericht. Die Ordnungshüter zeigten vollstes Verständnis, beließen es bei einer mündlichen Verwarnung und wünschten eine gute Weiterfahrt. »Normalerweise machen wir bei Geschwindigkeitsverstößen keine Ausnahme, aber beim Nikolaus kann man ruhig auch mal ein Auge zudrücken.«

Notdurft mit Folgen

Wenn es drängt, duldet die Natur keinen Aufschub. An einem kalten Abend im Februar 2022 musste ein 37-Jähriger bei Gundelsheim (Baden-Württemberg) so dringend einem Grundbedürfnis nachgehen, dass er an einer Bootsrampe am Neckar seinen Audi abstellte, um sich kurz zu erleichtern. Als er wieder losfahren wollte, kam er vom Weg ab und landete im Fluss. Zunächst trieb das Auto an der Wasseroberfläche, ehe es bei Böttingen vollständig unterging. Der Fahrer schaffte es gerade noch rechtzeitig, sich aus dem sinkenden Wagen zu befreien und ans Ufer zu gelangen. Er erlitt einen Schock und war leicht unterkühlt. Sachschaden: um die 100.000 Euro. Der untergegangene Audi konnte erst am folgenden Tag geborgen werden, was weitere Komplikationen mit sich brachte. Da das Fahrzeug in der Fahrrinne des Neckars vermutet wurde, musste zunächst die Schifffahrtsstrecke gesperrt werden.

Vertrauen ist gut …

… Kontrolle ist besser – auf diesen Leitspruch Lenins hätte ein Fahrer eines Sattelzugs besser gehört, statt blind den Anweisungen seines Navigationsgerätes zu folgen. Die elektronische Hilfe lotste ihn am Ende der Hebelstraße in

Rheinfelden (Baden-Württemberg) prompt in die Fußgängerzone. Am Eingang des Bürgerbüros ging für den 40-Tonner nichts mehr. Der fehlgeleitete Lkw-Fahrer versuchte vergebens, sich durch Rangiermanöver aus der misslichen Lage zu befreien. Nach der Beschädigung zweier Gebäude, eines umgefahrenen Verkehrsschildes und eines Mülleimers musste die Polizei den verirrten Mann durch die komplette Fußgängerzone leiten. Bei dieser Gelegenheit mussten unter anderem die Tische der angesiedelten Gaststätten kurzfristig abgeräumt werden. Mit einem Bußgeldverfahren beladen, konnte der Sattelschlepper wieder seines – diesmal hoffentlich richtigen – Weges ziehen.

Folgenschwere Niesattacke

Mit fatalen Folgen vom Weg abkommen kann man auch ohne technische Unterstützung. Dass mit einer sonst harmlosen Erkältung im Verkehr nicht zu spaßen ist, hatte ein 73 Jahre alter Autofahrer zwischen Rippolingen und Bad Säckingen (Baden-Württemberg) am eigenen Leibe erfahren müssen. Aufgrund einer spontanen und unbeherrschbaren Niesattacke verriss er das Steuer. Sein Wagen stieß gegen eine Felswand, prallte von dort ab, kam ins Schleudern, überschlug sich und blieb schließlich auf dem Dach liegen. Der Fahrer hatte Glück im Unglück und wurde nur leicht verletzt. Der Wagen hingegen erlitt Totalschaden.

Hund in Panik

Hunde haben im Straßenverkehr nichts verloren, in dieser Hinsicht dürften sich auch deren Besitzer einig sein. Ein ungewöhnlicher Unfall in Oldenburg (Niedersachsen) untermauert diese Einstellung. Bevor eine 52-Jährige eine Apotheke betrat, leinte sie ihren Berner Sennenhund ordnungsgemäß an einer Holzbank vor dem Geschäft an. Während sie sich im Laden aufhielt, muss irgendetwas den 50 Kilogramm schweren Vierbeiner derart erschreckt haben, dass er wie von der Tarantel gestochen mitsamt dem wesentlich leichteren Sitzmöbel auf die Fahrbahn zuraste. Wie die Polizei Oldenburg mitteilte, schleuderte die Bank zunächst gegen einen geparkten Toyota vor einer benachbarten Gaststätte. Daraufhin überquerte das Tier mit der Sitzgelegenheit im Schlepptau einen Radweg. Eine 34 Jahre alte Frau auf einem Pedelec mit Anhänger konnte nicht mehr ausweichen. Die Bank stieß gegen das Rad, woraufhin die Frau stürzte und sich leichte Verletzungen zuzog. In dem Fahrradanhänger saßen ein dreijähriges Mädchen und ein acht Monate altes Kind, die ebenfalls leichte Blessuren erlitten – und das, obwohl sie korrekt angeschnallt waren. Schließlich konnte der offensichtlich panische Hund eingefangen und beruhigt werden. Die verletzte Pedelec-Fahrerin wurde mit ihren Kindern von Angehörigen abgeholt. Die gute Nachricht: Der Hund blieb bei dem Unfall unverletzt.

IRREN IST MENSCHLICH

Teurer Junggesellenabschied

Bedrohliches Szenario im Kasseler Stadtteil Kirchditmold (Hessen): Besorgte Anwohner hatten auffällig dunkel gekleidete Personen beobachtet, die auf offener Straße mit Schusswaffen hantierten und sich anschließend in einem weißen Transporter entfernten. Die umgehend alarmierte Polizei konnte das Fahrzeug nach kurzer Fahndung in Waldau ausmachen und traf dort sechs verdächtige Personen an. Die jungen Männer im Alter zwischen 24 und 32 Jahren konnten bei der Kontrolle jedoch glaubhaft versichern, dass ihr Treiben in Kirchditmold keinen kriminellen Hintergrund hatte. Vielmehr handelte es sich bei dem suspekten Vorfall um die »Entführung« des Bräutigams, wie das bei Junggesellenabschieden so üblich sei. Zum Beweis präsentierten die Geständigen entsprechende Utensilien wie die getragenen einheitlichen T-Shirts sowie die inkriminierten, doch harmlosen Softairpistolen, bei denen es sich um täuschend echte Nachbauten handelt. Dass das verbotswidrige Hantieren mit solchen »Anscheinswaffen« in der Öffentlichkeit zu großer Besorgnis und Panik führen könnte, daran hatten die lustigen Junggesellen keinen Gedanken verschwendet. Deshalb brummten die Beamten den Männern ein Ordnungswidrigkeitsverfahren wegen Verstoßes gegen das Waffengesetz und eine Kostenrechnung für den Polizeieinsatz auf.

Stripper in Uniform

Einen Einsatz der besonderen Art erlebten zwei Polizisten in Bendorf (Nordrhein-Westfalen), als sie wegen Ruhestörung in einem Festzelt auftauchten. Die beiden Beamten würden von den anwesenden Damen mit geradezu frenetischer Begeisterung empfangen. Die Frauen, die lautstark einen 50. Geburtstag feierten, hielten die streng blickenden Behördenvertreter für zwei Stripper, die die Party bereichern sollten. »Mehrere Versuche, ihnen zu erklären, dass es sich um einen ordnungsgemäßen polizeilichen Einsatz handelt, waren völlig erfolglos«, teilten die Ordnungshüter in ihrem Bericht mit. Die Begeisterung der »angeschickerten« Damen erreichte einen weiteren Höhepunkt, als die Beamten zwecks telefonischer Erreichbarkeit nach der Telefonnummer des Geburtstagskindes fragten. Erst nachdem die beiden Uniformträger fotografiert und mehrfach umarmt wurden, bemerkten die Partygäste den im Hintergrund stehenden Streifenwagen und stellten verblüfft fest, dass es sich bei den »Strippern« tatsächlich um die »richtige« Polizei handelte. Der gesamte Einsatz wurde von beiden Seiten mit Humor genommen und die Musiklautstärke letztlich auch reduziert, wie in der Pressemitteilung der Polizeidirektion Koblenz zu lesen ist. Happy Birthday!

Sturmangriff auf der Autobahn?

Ein bewaffneter Mann im Tarnanzug an einer Autobahnraststätte – solch ein Anblick erregt nicht nur in politisch unruhigen Zeiten Aufsehen. Als ein besorgter Anrufer seine Beobachtung auf der Rastanlage Göttingen-Ost (Niedersachsen) meldete, fanden sich die Beamten schnell vor Ort ein. Ihnen bot sich ein bemerkenswertes Bild: Es handelte sich nicht um einen Einzeltäter, der dort im Tarnfleck mit einem Gewehr herumlief. Es waren gleich vierzig Männer, die auf der Rastanlage für Aufregung gesorgt haben. Die Polizei konnte jedoch schnell Entwarnung geben: »Es handelte sich um Angehörige der Bundeswehr«, wie der Pressemitteilung der Polizei Göttingen zu entnehmen war.

Ein mögliches Gewaltverbrechen vermutete auch ein Anwohner aus Bielefeld (Nordrhein-Westfalen), der zwei junge Männer bemerkt hatte, als sie das Haus gegenüber betraten. Der eine war zwar recht unauffällig und zog einen Trolley hinter sich her, der andere hingegen trug als einziges Gepäckstück ein AK-47-Sturmgewehr über der Schulter, so der Anrufer. Die Beamten »gingen den Beobachtungen des Zeugen natürlich mit dem nötigen Nachdruck und der gebotenen Eigensicherung nach«, erklärt der Polizeibericht. Die beiden Männer zeigten sich vom Erscheinen der Ordnungshüter überrascht – das vermeintliche Sturmgewehr entpuppte sich als eine große Shisha, die einer Kalaschnikow täuschend ähnlich nachgebildet war. Die Polizei fand den Gag nicht so gelungen und erstattete eine Ordnungswidrigkeiten-Anzeige wegen des Tragens einer sogenannten »Anscheinswaffe« in der Öffentlichkeit.

Batman in Duderstadt

Warum dreht ein Geländewagen mit auffälligen Antennen auf dem Dach und auswärtigem Kennzeichen nächtens in der Nähe der Bundespolizei Duderstadt (Niedersachsen) seine Runden? Ausspähversuche einer ausländischen Macht? Die alarmierte Funkstreife überprüfte den Wagen und seinen Insassen. Und in der Tat, es handelte sich um Spionage. Dennoch konnten die Beamten Entwarnung geben. Das Interesse des »Spions« richtete sich nicht gegen den Staat, die ansässigen Firmen oder die Bevölkerung. Dem Späher ging es einzig und allein um gechipte Fledermäuse, die er »im offiziellen Auftrag und damit völlig legal aufspüren« wollte, wie die Bundespolizei Duderstadt in ihrer Pressemitteilung wissen ließ.

Schwankende Schritte

Wenn eine Frau unsicheren Schrittes durch die Gänge eines Supermarktes torkelt, kann das nur eines bedeuten: Sie hat wohl einen zu viel im Tee gehabt. Zumindest dachte das ein Kunde, der sich ebenfalls in dem Laden aufhielt. Als die schwankende Dame das Geschäft verließ und mit ihrem Wagen davonfuhr, besann sich der besorgte Mann seiner staatsbürgerlichen Pflicht und alarmierte die Polizei. Die

Besatzung eines Streifenwagens hielt Frau und Fahrzeug für eine Kontrolle an. Wie es im Bericht der Göttinger Polizei heißt, »erklärte sich der unsichere Gang dann auf ganz unerwartete und aus weiblicher Sicht total einleuchtende Weise. Die neuen hochhackigen Leopardenschuhe der Mündenerin waren schuld am ›verdächtigen‹ Bewegungsablauf«.

Verräterische Spuren

Schreck in der Abendstunde: Als er an einer Straße im idyllischen Weinort Maikammer (Rheinland-Pfalz) Ende Oktober 2022 einen blutverschmierten Schürhaken fand, informierte ein Spaziergänger umgehend die Polizei. Die eilte auf der Stelle herbei und befragte die Nachbarn, ob sie vielleicht Verdächtiges beobachtet hatten, was auf ein Verbrechen oder einen Unglücksfall schließen lassen könnte. Erleichterung machte sich bei allen breit, als die Beamten schließlich auf einen zwölfjährigen Jungen stießen, der mit Kunstblut experimentierte. Der junge Forscher wurde seinen Eltern überstellt und ein belehrendes Gespräch geführt. »Die Polizei warnt ausdrücklich vor solchen Aktionen, insbesondere in der Zeit um Halloween«, mahnten die Behörden in ihrer Pressemitteilung mit Nachdruck.

Blutstropfen

Blut, das vom Balkon einer Dachgeschosswohnung heruntertropft, lässt schnell auf ein Kapitalverbrechen schließen. Vor allem wenn die Bewohnerin nach wiederholtem Klingeln nicht öffnet. Also alarmierten die Nachbarn eines Mehrfamilienhauses in Erfurt (Thüringen) die Feuerwehr, damit diese sich Zugang zu der Dachgeschosswohnung verschafft. Die Floriansjünger konnten zum Glück bald Entwarnung geben – keine Leiche auf dem Balkon. Auf dem Balkon waren tierische Innereien als Hundefutter in einem undichten Behältnis gelagert worden. Die entstandene Sauerei dürfte für die Frau recht teuer geworden sein – neben den Kosten für eine neue Wohnungstür wurde der Einsatz der Feuerwehr in Rechnung gestellt.

Zwergenaufstand

Nein, es war keine ältere Frau, die ein Mann in Bielefeld (Nordrhein-Westfalen) in seinen Kofferraum eingesperrt hatte, wie Augenzeugen befürchteten. Denn als die Polizei eintraf und einen Blick ins Innere des vor einem Supermarkt geparkten Fahrzeugs warf, entpuppte sich das vermeintliche Opfer als ein 50 Zentimeter großer grauhaariger Zwerg mit Zipfelmütze.

Verschusselt

Von seinem Einkauf überfordert zeigte sich ein 42-Jähriger in Eisenberg (Thüringen). Der Mann erwarb in einem Supermarkt Toastbrot und zwei Päckchen Tabak. Nachdem er das Geschäft verlassen hatte, glaubte er festgestellt zu haben, dass ihm in einem unbeobachteten Moment seine Einkaufsbeutel gestohlen worden waren. Die Beamten waren schon auf dem Weg zu dem vermeintlich Diebesopfer, da meldete sich der Mann erneut und entschuldigte sich für seinen voreiligen Anruf. Inzwischen hatte er seine Einkäufe in seinem Rucksack wiedergefunden. »Irren ist halt einfach nur menschlich«, schließt der Polizeibericht.

Verschnürte Frau

Entsetzliche Entdeckung in der niederrheinischen Stadt Voerde (Nordrhein-Westfalen): Am helllichten Tag hatten Autofahrer auf dem Grünstreifen am Straßenrand ein verdächtiges, sorgsam verschnürtes Paket gefunden. »Durch die Folien schimmern Gebeine«, meldeten die Anrufer fassungslos der Polizei. Die sofort ausgesandte Streife konnte die Zeugen jedoch bald beruhigen. Die »Leiche« entpuppte sich im Wortsinn als eine 50 Kilogramm schwere Latexdame, wie sie von manchen Männern als willige Sexgespielin benutzt wird. »Die lebensgroße, zugeschnürte Maid fing beim Auspacken auch sofort an, Geräusche zu machen«, hieß es im Polizeibericht Voerde. Die beteiligten Beamten hätten »einen Heidenspaß bei diesem außergewöhnlichen Einsatz« gehabt. Schließlich finde man nicht alle Tage verpackte Sexpuppen am Straßenrand. Die Fundsache wurde sogleich sichergestellt, koste doch ein solch aufwendig gestaltetes Sexspielzeug um die 800 Euro, wie eine entsprechende Recherche ergab. Die Meldung schließt mit der Mitteilung: Wer sein Herzblatt vermisst, könne es gerne auf der Wache in Dinslaken abholen.

Waffelalarm

Eine aufregende Entdeckung machte ein 47-Jähriger aus dem Berliner Umland. Der Mann hatte bei Grabungsarbeiten auf seinem unbebautem Grundstück in Mansfeld bei Putlitz in 20 Zentimetern Tiefe einen Gegenstand aus Metall entdeckt, der wie eine Tellermine aussah. Nun sind solche gefährlichen Funde aus Kriegszeiten in Brandenburg nicht unüblich, weshalb der Ausgräber sofort die Polizei alarmierte. Die hinzugezogenen Experten des Kampfmittelräumdienstes bargen den verdächtigen Gegenstand vorsichtig. Bei einer näheren Überprüfung erwies sich die vermeintliche Tellermine als verrostetes Waffelbackeisen. Ein Polizeisprecher lobte trotzdem die Vorsicht: Man könne ja nie wissen, ob es sich um etwas Explosives handelt.

Bühnenreifer Auftritt

So ein Navigationsgerät im Auto ist eine feine Sache, um jemanden ohne unnötige Umwege auf den rechten Weg und somit zum gewünschten Ziel zu führen. Allerdings sollte man hin und wieder die Angaben des elektronischen Helferleins hinterfragen, denn auch Computer können sich mal irren. Das Publikum eines Freilichttheaters in Waren an der Müritz (Mecklenburg-Vorpommern) staunte nicht schlecht, als auf dem Bühnengelände plötzlich eine Mercedes-Limousine erschien und prompt stecken blieb. Da wegen eines Regenschauers die Vorstellung ohnehin unterbrochen worden war, sei niemandem etwas passiert, versicherte die Theaterleitung nachträglich.

Doch wie konnte es zu diesem Irrtum überhaupt kommen? Der fehlgeleitete Autofahrer aus Hessen war auf der Suche nach einem nahegelegenen Hotel und deshalb den Angaben seines Navigationssystems blindlings gefolgt. Der Wagenlenker ließ sich in seinem Vorwärtsdrang auch nicht durch eine von der Theaterleitung aufgestellte Warnbake stören, die er kurzerhand beiseiteschob. Das Freilichttheater »Müritz-Saga« wurde auf sandigem Untergrund inmitten eines Bürgerparks erbaut, zu dem auch etliche Hotels gehören. Was erklärt, dass der ortsunkundige Autofahrer statt auf dem Hotelparkplatz auf der hell erleuchteten Theaterbühne landete. Obwohl der verirrte Hotelgast von der Theaterleitung aufgefordert wurde, den Wagen lieber stehen zu lassen, versuchte er zu wenden, setzte mit dem Unterboden auf und fuhr sich fest. Die Vorstellung musste abgebrochen, das Fahrzeug von einem Abschleppunternehmen am nächsten Tag geborgen werden. Die rund 300 Zuschauer der Vorstellung nahmen das unerwartete Ende mit Humor und sahen einer Wiederholung der Vorstellung mit Neugier entgegen. Anzufügen bleibt noch, dass das an diesem Abend dargebotene Stück »Des Teufels Schergen« die Schrecken zum Thema hat, die marodierende Söldner und Räuber im Dreißigjährigen Krieg in Mecklenburg verbreiteten.*

Navi geht baden

Hin und wieder kann es hilfreich sein, den eigenen Sinnen mehr zu vertrauen als den Anweisungen des Navigationsgerätes. Eine ortsunkundige Fahrerin eines Peugeot bewies unerschütterliches Vertrauen in ihre elektronische Navigationshilfe und kam auf der Silberpappelstraße in Winnenden (Baden-Württemberg) deren Aufforderung umgehend nach, links abzubiegen. Mit dem für diese Begebenheiten ungeeigneten Fahrzeug fuhr sie ungerührt über vier absteigende Treppenstufen und landete schließlich in einem flachen See bei einer Neubausiedlung. Die Fahrerin blieb glücklicherweise unverletzt, ihr Peugeot hingegen konnte nur durch einen Abschleppdienst von seinem feuchten Parkplatz befreit werden.

* https://www.rtl.de/cms/mueritz-saga-autofahrer-aus-hessen-crasht-theater-buehne-in-mecklenburg-vorpommern-weil-navi-ihn-fehlleitete-5002661.html, zuletzt aufgerufen im April 2023

Falscher Polizist

Es gibt Menschen, die nicht nur an Fasching, sondern auch im sonstigen Jahresverlauf gerne in eine andere Identität schlüpfen. In Braunschweig (Niedersachsen) machte ein 28-Jähriger von sich reden, der mit einem mit Blaulicht aufgerüsteten Wagen durch die Gegend fuhr und scheinbar wahllos wildfremde Personen in ihren Fahrzeugen stoppte. Auch ein Zivilfahnder der Polizei wurde angehalten und plötzlich mit einer Taschenlampe durch die Seitenscheibe angeleuchtet und mit autoritärem Unterton zum Anhalten aufgefordert. Dieser kam dem Begehren des jungen Mannes gerne entgegen und zeigte dem falschen Polizisten seinen echten Dienstausweis. Im Anschluss kontrollierte er seinerseits den als Autoritätsperson verkleideten Braunschweiger. Der Mann trug eine olivfarbene Uniform mit Polizeiabzeichen. Am Gürtel hatte er ein Holster mit einer Schreckschusswaffe befestigt. Das ominöse Fahrzeug des 28-Jährigen war mit falschen Kennzeichen und verschiedenen Anbauteilen ausgestattet, die offensichtlich den Eindruck eines zivilen Funkstreifenwagens erwecken sollten. Den falschen Polizisten erwarteten darauf diverse Strafanzeigen wegen Amtsanmaßung und Urkundenfälschung.

SCHRÄGE VÖGEL

Widerborstige Pute

Viel Spaß an ihrem Einsatz hatten Beamte der Polizeiwache Lünen (Nordrhein-Westfalen), wie folgende Pressemitteilung belegt. Grund war ein vermutlich unter Drogen stehender Truthahn, der auf der Kanalbrücke der Dortmunder Straße sein Unwesen trieb und dadurch Verkehrsteilnehmer gefährdete. Zusätzliche Brisanz erhielt der Fall, als die Einsatzleitstelle bekannt gab, dass am Abend zuvor eine Pute als vermisst gemeldet worden sei. Ob nun Pute oder Truthahn, ein Polizist und eine Polizistin begaben sich vor Ort und wurden direkt tätig. »Das geflügelte Tier konnte von den Beamten auf der Straße Am Kanal parallel zur Kanalbrücke entdeckt und umstellt werden. Eine Beamtin identifizierte das verdächtige Geflügel sofort als die vermisste Pute. Ein Truthahn konnte ausgeschlossen werden.«

Die darauf folgenden Geschehnisse beschrieb der Beamte folgendermaßen: »Trotz perfekter Umstellung gestaltete sich die Ingewahrsamnahme äußerst tückisch. Kurz vorm Zugriff entzog sich die Pute der Ingewahrsamnahme durch ein überraschendes und waghalsiges Flugmanöver. Gleichzeitig landeten mehrere gezielt von der Pute auf die Beamtin abgeworfene Stinkbomben gefährlich nah neben ihr auf dem Boden. Sie blieb unverletzt. Es entwickelte sich eine wilde und gefährliche Hetzjagd durchs Unterholz des angrenzenden Waldstücks, in dem das Federvieh Zuflucht suchte. Die Einsatzkräfte standen kurz davor, Luftunterstützung anzufordern, da nutzte ein Beamter eine leichte Unachtsamkeit in der Deckung der vermissten Pute und schmiss sich todesmutig mit einem ›Becker-Hecht‹ auf das Geflügel. Es gelang ihm dabei, sich so abzurollen, dass weder er noch die Vermisste Verletzungen bei dieser Ingewahrsamnahme davontrugen.« Doch damit war das Spektakel noch lange nicht zu Ende: »Mittels einer mobilen Hundetransportbox, welche durch eine freundliche Passantin zur Verfügung gestellt wurde, konnte die Vermisste der Polizeiwache Lünen zugeführt werden. Dort wurde sie zunächst in die Gewahrsamszelle 2 gesperrt.«

Natürlich nur so lange, bis der informierte Besitzer des entlaufenen Federviehs sein Tier wohlbehalten abholte. Auch die Transportbox fand wieder zu ihrer Eigentümerin zurück – »selbstverständlich gereinigt«. Besagter Pressemitteilung wurde ein Foto der geflügelten Unruhestifterin beigelegt. Mit einem Balken über dem Gesicht, um ihre Persönlichkeitsrechte nicht zu verletzen, und folgender Begründung: »Nach Inkrafttreten der neuen ›Putenschutz-Grundverordnung (PSGVO)‹ dürfen wir das Gesicht der Pute daher nicht mehr unverfremdet zeigen.«

Gezwitscher auf dem stillen Örtchen

Mit einer Hausbesetzung der eigenen Wache hatte es die Göttinger Polizei (Niedersachsen) zu tun: Eine Amsel hatte sich während der Pfingstfeiertage ausgerechnet die Herrentoilette des Dienstgebäudes auserkoren, um ihren Nachwuchs großzuziehen. Nachdem sie durch das gekippte Oberlicht in das sonst nur Männern vorbehaltene Refugium gelangt war, baute sie in aller Gemütsruhe ihr Nest auf einer Lichtleiste direkt über dem Urinal. Gut, vielleicht hätte es geeignetere Orte gegeben, um eine Kinderstube einzurichten. Aber wann hat man schon einmal Gelegenheit, seine Kinder unter Polizeischutz großzuziehen? Unbeeindruckt von dem Geschehen um sie herum, brütete die Amselmama vier Eier aus, und die Polizisten durften bei jedem Toilettengang miterleben, wie die Vögelchen wuchsen und gediehen. Aber wie es im Leben so ist: Auch die kleinste Amsel wird irgendwann flügge, und die Familie kehrte dem stillen Örtchen den Rücken; die Herren der Schöpfung waren wieder unter sich. Auf eine Anzeige wegen Hausfriedensbruch wurde übrigens verzichtet.

Schnabelattacke

Markerschütternde Hilfeschreie versetzten eine Passantin in Heppenheim (Hessen) in Schrecken. Da sie davon überzeugt war, dass ein Mensch erwürgt werden würde, rief sie umgehend die Polizei. Die Beamten, die am Tatort eintrafen, rechneten ebenfalls mit dem Schlimmsten. »Auf alles gefasst, machten sich die Ordnungshüter auf die Suche und wurden auch schnell fündig«, hieß es im Bericht. Doch zum Glück stellten sich die Hilferufe als Lausbubenstreich von zwei übermütigen Gelbkopfpapageien heraus. »Nicht das erste Mal machten die Tierchen aus Langeweile lautstark Rabatz«, ergaben die weiteren Ermittlungen des Polizeipräsidiums Hessen. Eingeschüchtert von der behördlichen Übermacht, zeigten sich die Vögel dann aber von ihrer besten Seite. Einer war sogar so zutraulich, dass er galant auf der Schulter einer Polizistin Platz nahm, um die Sterne auf ihrer Uniform näher in Augenschein zu nehmen. Offensichtlich wollte er wissen, mit welchem Dienstgrad er es zu tun hat.

Angriffslustiger Ausreißer

Eine Frau hatte nächtens in Mosbach (Baden-Württemberg) die Polizei informiert, dass sie einen riesigen Vogel in einem Baum im Odenwald bei Walldürn entdeckt habe. Die Beamten durchsuchten daraufhin ein Waldstück. Und was entdeckten sie im Lichtstrahl der Taschenlampe? Ein riesiges, etwa 90 Zentimeter großes buntes Federvieh in einer Baumkrone, das sich als Papagei entpuppte. Der fand es gar nicht lustig, plötzlich im Rampenlicht zu stehen, denn auf die freundlichen Zurufe reagierte er mit wüstem Geschimpfe und Gekreische. Zudem machte er keinerlei Anstalten, seinen Platz in schwindelnder Höhe zu verlassen. Doch dann überlegte er es sich anders und krakeelte einige Äste tiefer weiter – und die Ordnungshüter gingen zum Zugriff über. Der Papagei, wenig gewillt, die Beamten freiwillig zum Revier zu begleiten, leistete heftige Gegenwehr und ruinierte ihnen mit dem Schnabel die Lederkleidung, wie im *Spiegel* zu lesen war. Eine Anzeige wegen Körperverletzung blieb dem Vogel dennoch erspart; die Polizisten blieben unverletzt.*

Streitsüchtige Wohngenossen

Wie das so ist mit dem Zusammenleben unter einem Dach: Konflikte sind vorprogrammiert. Aus einer Wohnung in Lörrach (Baden-Württemberg) war ein lang anhaltender heftiger Disput zu hören, sodass Bewohner des Mehrfamilienhauses den Notruf wählten, weil sie sich Sorgen um die Nachbarn

* https://www.spiegel.de/panorama/attacke-im-wald-tobender-papagei-zerfetzt-polizeiuniform-a-451481.html, zuletzt aufgerufen im April 2023

machten. »Zwar war es in der betreffenden Wohnung tatsächlich zu einem lautstarken Streit gekommen«, teilte die Polizei mit. »Allerdings standen sich in diesem Fall zwei ungewöhnliche Kontrahenten gegenüber: ein junger Mann und ein Papagei.« Gegenüber den Beamten gab der 22-Jährige an, dass er sich über den gefiederten Freund seiner Partnerin echauffiert habe und deswegen mit ihm aneinandergeraten sei. So soll der Vogel ständig irgendwelche Geräusche von sich gegeben haben, teilte ein Polizeisprecher mit. Das habe den Mann derart in Rage gebracht, dass er das aufmüpfige Tier angebrüllt habe. Was dieses erst recht anstachelte, kräftig Kontra zu geben. Je lauter der Mann wurde, desto lauter wurde der Papagei, der zwar nicht sprechen, aber dafür Hundebellen perfekt imitieren konnte. Den behördlichen Angaben zufolge haben Mann und Vogel wieder Frieden geschlossen – und sind beide unverletzt geblieben.

Gefiederter Störenfried

Ein Alarm bei einer Firma im baden-württembergischen Mainhardt rief die Ordnungshüter auf den Plan. Bei der Durchsuchung des Gebäudes stießen sie allerdings nicht auf Einbrecher, sondern auf einen Papagei, der sich die Zeit damit vertrieben hatte, die Schlafabdeckung über seinem Käfig abzuziehen. Als diese zu Boden fiel, löste der Bewegungsmelder den Alarm aus. Da der Vogel bereits hinter Gittern saß, wurde auf weitere polizeiliche Maßnahmen verzichtet.

Gesunde Verdauung

Eine Frau traute in Lüdenscheid (Nordrhein-Westfalen) ihren Augen nicht, als sie zu ihrem geparkten Fahrzeug zurückkehrte. Ein unbekannter Schmierfink hatte während ihrer Abwesenheit das Auto »besprüht«. Aufgrund eindeutiger Spuren konnten die Täter tatsächlich rasch ermittelt werden, wie das *Hamburger Abendblatt* berichtete. Es handelte sich um Vögel, die den Wagen als Toilette zweckentfremdet hatten.*

Fallobst

Unbedacht entledigte sich ein hungriger Vogel in Kupferzell (Baden-Württemberg) seiner Last. Offenbar hatte er sich eine Zwetschge geschnappt, die ihm jedoch während des Flugs wohl zu schwer wurde. Die Frucht entglitt seinem Schnabel und fiel direkt auf die Windschutzscheibe eines Autos. Kleine Ursache, große Wirkung: Vor lauter Schreck krachte der Fahrer an einer Ampel in das Heck des vorderen Wagens, wie die Heilbronner Polizei mitteilte. Durch die Wucht des Aufpralls wurde dieses wiederum auf das

---

* https://www.spiegel.de/panorama/attacke-im-wald-tobender-papagei-zerfetzt-polizeiuniform-a-451481.html, zuletzt aufgerufen im April 2023

Fahrzeug davor geschoben. Der Sachschaden belief sich auf rund 19.000 Euro. Das Beweisstück wurde sichergestellt; der Vogel hatte sich aus dem Staub gemacht.

Taube als Schutzengel

Manche haben einfach tierisch Glück: Ein Mann war im Mai 2019 in Viersen am Niederrhein (Nordrhein-Westfalen) mit 54 Stundenkilometer durch eine 30er-Zone gefahren und dabei geblitzt worden. Das Vergehen hätte ein Bußgeld in Höhe von 105 Euro nach sich gezogen. Genau: hätte. Denn trotz des Beweisfotos konnte nicht eindeutig nachgewiesen werden, dass er zu diesem Zeitpunkt im Fahrzeug saß. Just in jenem Moment, als die Radarfalle ausgelöst worden war, hatte eine Taube ihre Flügel vor der Windschutzscheibe ausgebreitet, sodass sie den Mann am Steuer gnädig verdeckte. »Der Heilige Geist mag sich etwas dabei gedacht haben, als er sein Sinnbild kurz vor Pfingsten an exponierter Stelle platzierte«, schrieb die Kreispolizeibehörde Viersen in ihrer Meldung. »Wir haben das Zeichen verstanden und lassen den Raser dieses Mal in Frieden.« Weiter notierte die Polizei launig: »Eigentlich hätte die Taube auch ein Bußgeld verdient, denn sie war ja schließlich auch zu schnell unterwegs. Da wir aber nicht wissen, an welchem Ort sie pünktlich zu Pfingsten sein muss, lassen wir auch hier Gnade vor Recht walten.«

Rutschparty in den Gully

Da macht man mit Mama einen Abendspaziergang am Ententeich – und landet prompt in einem Gully. Diese unliebsame Erfahrung mussten sieben Entenküken im Gysenbergpark in Herne (Nordrhein-Westfalen) machen. Klar, dass die Entenmama mit dieser heiklen Situation überfordert war. Den Kleinen blieb nur noch, lautstark um Hilfe zu piepsen. Zum Glück erkannte eine Spaziergängerin auf zwei Beinen die verzweifelte Lage der Familie und alarmierte die Polizei. Die herangeeilten Beamten rückten erst das Gitter zur Seite, dann kletterte einer in den Schacht hinein und beförderte die Küken vorsichtig heraus. Alle sieben kamen mit dem Schrecken davon.

Käfig aus Glas

Eine Passantin meldete beim Polizeirevier Karlsruhe-Marktplatz (Baden-Württemberg) einen wild flatternden Kanarienvogel, der sich in den verglasten Eingangsbereich zum Parkhaus *Passagehof* verirrt hatte. Mit großem Engagement, Körpereinsatz und tatkräftiger Unterstützung der Haustechniker konnte der mutmaßliche Ausreißer schließlich eingefangen und kurzzeitig in einem Karton geborgen werden. Dank guter polizeilicher Beziehung zu einem Vogelzüchter durfte er kurz darauf in einen artgerechten Käfig umziehen. Auch spezielles Kanarienvogelfutter hatten die Ordnungshüter besorgt, um den Vogel ob seines Missgeschicks zu trösten. Jedenfalls dürfte Boncuk, wie die Beamten den kleinen gelben Freund tauften, das Revier in bester Erinnerung behalten haben.

Falsche Taube

Einer vermeintlich im Eis gefangenen Taube eilte die Polizei in Villingen-Schwenningen (Baden-Württemberg) zu Hilfe. Eine Passantin hatte besorgt gemeldet, dass der Vogel in einem Weiher festgefroren war. Bei näherer Betrachtung entpuppte sich der Piepmatz jedoch als völlig kälteunempfindliche weiße Plastiktüte, die aus dem Eis ragte und in der Tat stark an eine hilflose Taube erinnerte.

Große Show

Showtalent bewies ein Storch in Blumberg-Randen (Baden-Württemberg). Hilflos und offensichtlich flugunfähig hielt er sich etliche Stunden auf einem Gebäudedach auf. Klar, dass die Rettungskräfte sofort ausrückten, um Meister Adebar mit einer Feuerwehrdrehleiter aus seiner misslichen Lage zu befreien. Doch bevor sie sich dem langbeinigen Vogel nähern konnten, erlebten sie eine Überraschung. Der erhob sich plötzlich zum Erstaunen aller problemlos in die Lüfte und flog davon.

Parkender Storch

Nein, ein Storch hat nichts auf einem Parkplatz zu suchen. Schon gar nicht, wenn er leichtsinnig zwischen ein- und ausparkenden Autos herumspaziert. So rückten Rettungskräfte in Östringen (Baden-Württemberg) aus, um den Vogel aus der gefährlichen Situation zu befreien. Da zu befürchten war, Meister Adebar könnte sich verletzen, wurde sicherheitshalber die Tierrettung hinzugerufen. Diese konnte Entwarnung geben: Dem Tier ging es prächtig. Mehr noch. Es nutzte schamlos die Aufmerksamkeit aus, um die Passanten um Futter anzubetteln. Wie sich herausstellte, war das wohl eine Masche von ihm, denn er war schon öfters unliebsam auf besagtem Parkplatz aufgefallen. Auch dieses Mal pochte er auf sein Gewohnheitsrecht. Nachdem er die Anwesenden zunächst mit einer Flugrunde unterhalten hatte, setzte er zur Landung an, die erneut auf dem Parkplatz erfolgte.

Knöchernes Fundstück

Ein Mann aus Neustadt an der Weinstraße (Rheinland-Pfalz) wurde mittags von einem lauten Aufprall auf seinem Balkon aufgeschreckt. Als er der Ursache auf den Grund gehen wollte, fand er dort einen auf dem Boden liegenden Knochen vor. Allein das war schon mysteriös genug. Was die Sache noch seltsamer machte: Der Mann wohnte im Obergeschoss, das Fundstück konnte also nicht von einem anderen Balkon heruntergefallen sein. Vor Ort konnte die Neustadter Polizei Entwarnung geben: Weder ein menschlicher noch ein tierischer Knochen war vom Himmel gefallen. Vielmehr handelte es sich um einen industriell gefertigten Hundekauknochen, der vermutlich von einem Vogel geklaut und schließlich über dem Wohnhaus entsorgt wurde.

Die Müslifalle

Mit Speck fängt man Mäuse. Einen Graupapageien, der auf dem Hügel des Freizeitgeländes *Berghalte* in Penzberg (Bayern) ausgebüxt war, lockte die Polizei mit Biomüsli. Eine gute Idee, denn zunächst ließ sich der Vogel in Versuchung führen. Doch dann dämmerte ihm wohl, dass er ausgetrickst werden sollte. Er protestierte lautstark und zwickte einem Beamten sogar in den Finger. Die Ordnungshüter, Kummer gewohnt, ließen sich von dem gewaltbereiten Ausreißer nicht beeindrucken, zumal von dem Vogel mit etwa 400 Gramm und 33 Zentimeter keine größere Gefahr ausging. Der gefiederte Geselle wurde höflich, aber bestimmt überwältigt und in ein Tierheim gebracht. Der Polizeibericht endete mit den Worten: »Einen Vogel kriegt man dann doch schneller, als man denkt!«

Kreischender Stalker

Seinen Stalker selbst dingfest gemacht hat ein junger Mann in Erfurt (Thüringen). Entsprechend erstaunt war der diensthabende Beamte des Inspektionsdienstes Erfurt-Nord, als ihm der Übeltäter in einem Karton präsentiert wurde. In der Kiste saß eine Krähe, die den Mann hartnäckig verfolgt hatte. Da der nicht wusste, wie er mit dem Vogel weiter verfahren sollte, suchte er Rat bei der Polizei. Der Beamte hatte tatsächlich einen heißen Tipp und regte an, die zutrauliche Krähe in den Nordpark zu bringen, um sie mit anderen Spielkameraden bekannt zu machen.

Ausbrecher stellt sich selbst

Wer vom richtigen Weg abkommt, bekommt es schnell mit der Polizei zu tun. Anders hingegen lag der Sachverhalt bei einem Wellensittich, der sich in Wattenscheid (Nordrhein-Westfalen) verflogen hatte, nachdem er aus dem heimischen Käfig geflattert war. Allerdings war er seiner Freiheit bald überdrüssig, fand aber bedauerlicherweise nicht mehr den Weg zurück. Also flog er morgens flugs zur Wache, stellte sich im Eingangsbereich und ließ sich bereitwillig in Schutzhaft nehmen. Als kleines Dankeschön für sein Asyl bot er noch eine kleine Flugshow, bevor er fröhlich zwitschernd auf den Tierschutz wartete. Vermutlich dürfte die Wache nicht immer an jedem Besucher so viel Freude haben.

Flatternde Alarmanlage

Wellensittiche sind nun wirklich keine furchterregenden Geschöpfe. Trotzdem gelang es einem dieser kleinen Vögel, einen Einbrecher in die Flucht zu schlagen. Der Unbekannte war über ein gekipptes Fenster im Erdgeschoss in ein Einfamilienhaus in Ensingen (Baden-Württemberg) eingedrungen. Dabei fiel ein Blumentopf zu Boden, worauf der Wellensittich, verstimmt ob der Ruhestörung, ein gewaltiges Gezeter anstimmte. Eingeschüchtert von dem Radau, flüchtete der Dieb schleunigst über denselben Weg, wie er gekommen war. Allerdings nicht ohne einen auf dem Fenstersims liegenden Geldbeutel mitgehen zu lassen.

Unerwarteter Besuch

Unerwarteten Besuch bekam die *Finanzkontrolle Schwarzarbeit* des Hauptzollamts Dortmund (Nordrhein-Westfalen): Auf der Fensterbank in der vierten Etage der Dienststelle saß ein Graupapagei, der sich bereitwillig hereinheben ließ. Hatte er geahnt, dass er genau an der richtigen Adresse war? Denn Graupapageien stehen unter Artenschutz, und für diesen ist bekanntermaßen der Zoll zuständig. Bis zum Eintreffen der Feuerwehr, die den Papagei dem Tierschutz übergeben sollte, durfte es sich der Vogel sodann auf der Schulter eines Zollbeamten gemütlich machen.

RETTER IN DER NOT

Dein Freund und Einkaufshelfer

An Heiligabend 2021 erfüllten Beamte des Reviers Schopfheim in Maulburg (Baden-Württemberg) eine nicht gerade alltägliche Bitte. Ein 40-Jähriger befand sich wegen einer Corona-Infektion mit seiner Ehefrau in Quarantäne und durfte das Haus nicht verlassen. Das Problem an der Sache: Die Lebensmittelvorräte gingen allmählich zur Neige, die Feiertage standen bevor. Nachdem die beiden beim besten Willen niemanden im Bekanntenkreis auftreiben konnten, der für sie eingekauft hätte, riefen sie die Polizei an. Die erwies sich als Retter in der Not und schickte am 24. Dezember eine Streife auf Einkaufstour, die die dringend benötigten Lebensmittel bei dem mehr als dankbaren Paar ablieferte – mit gebührendem Abstand, versteht sich.

Raus in die Pilze

Aufregender als gedacht gestaltete sich der Ausflug eines Ehepaars, das im Müritz-Nationalpark (Mecklenburg-Vorpommern) Pilze sammeln war. Im Eifer des Gefechts hatten sich die beiden verlaufen und fanden den Weg nicht mehr zurück nach Speck, wo sie ihr Auto abgestellt hatten. Glück im Unglück: Während Hänsel und Gretel auf Brotkrumen angewiesen waren, nutzte der 61-jährige Mann sein Handy, um den Behörden die Geokoordinaten ihres Standortes zu übermitteln. Beamte des Polizeihauptreviers Waren rückten aus – sicherheitshalber in Begleitung einer Rangerin, die sich im Nationalpark bestens auskannte. Mit ihrer Hilfe konnte sich die Funkwagenbesatzung über das weitverzweigte Wegesystem des unwegsamen Geländes dem Paar bis auf wenige Hundert Meter annähern. Trotz aller Bemühungen mussten die beiden rund zweieinhalb Stunden in der Dunkelheit im Wald ausharren, bis das Blaulicht des Streifenwagens sie endlich erlöste. Das erleichterte Paar wurde zu seinem Auto zurückgebracht. Kleiner Trost: Trotz des Malheurs war die Pilzsuche durchaus erfolgreich gewesen.

Glücklich wiedervereint

Das Weihnachtsfest wollten zwei elf und zwölf Jahre alte Schwestern bei ihrer Tante verbringen. Allerdings verlief die rund vierstündige Bahnfahrt von Esgrus nach Albersdorf (Schleswig-Holstein) nicht wie erhofft. Unterwegs wurden die Geschwister unsicher, wo genau sie aussteigen mussten, um an ihr Ziel zu gelangen. Also sprang die 11-Jährige in Aukrug kurzerhand aus dem Zug, um sich auf dem Fahrplan schlauzumachen. Nun schlossen sich just in diesem Moment die Zugtüren; die Ältere fuhr weiter, die Jüngere blieb zurück. Als die 12-Jährige in Wasbek angekommen war, irrte sie ziellos auf dem Bahnsteig herum und erklärte zu Hilfe eilenden Polizisten, dass sie ihre kleine Schwester verloren habe. Die Beamten aus Neumünster setzten das Mädchen in den Streifenwagen, fuhren mit ihr zum Bahnhof in Aukrug und machten sich auf die Suche nach der gestrandeten kleinen Schwester. Dank eines aufmerksamen Passanten spürten sie sie in einer Nebenstraße auf, das Geschwisterpaar war endlich wieder glücklich vereint. Doch anstatt die beiden zur nächsten Jugendeinrichtung zu bringen, wie das in solchen Fällen üblich ist, chauffierten die Polizisten die Kinder rund 50 Kilometer weiter nach Albersdorf, wo die Tante bereits wartete, um ihren Nichten nach der ganzen Aufregung einen schönen Weihnachtsabend zu bereiten.

Kichernder Gnom

Eine Frau aus Hildesheim (Niedersachsen) meldete sich völlig übermüdet bei der Polizei, weil sie die ganze Nacht kein Auge zugemacht hatte. Als zunächst fadenscheinig wirkenden Grund gab sie an, wegen penetrantem Gekicher keinen Schlaf gefunden zu haben. Also machten sich die Polizisten auf, um den unbekannten Spaßvogel zu ermitteln. Vor Ort trafen sie auf einen Gartenzwerg, der – elektrisch betrieben – jeden Windstoß lauthals bekicherte. Und da es in der Nacht zuvor ordentlich gestürmt hatte, war der Zwerg aus dem Lachen nicht mehr herausgekommen. Die Beamten sorgten dafür, dass ihm selbiges schnell verging, indem sie ihm schlicht den Schalter ausknipsten und die Anwohnerin endlich wieder ihre Ruhe hatte.

Teddy verzweifelt gesucht

Für ein rührendes Wiedersehen zwischen einem Sechsjährigen und seinem verloren geglaubten Teddybären sorgten Beamte der Polizeiinspektion Verden/Osterholz (Niedersachsen). Nach der Rückreise von einer Silvesterfeier in Zwickau am Abend des Neujahrstages vermisste der Kleine plötzlich sein Kuscheltier. Die Eltern stellten alles auf den Kopf, doch der pelzige Freund blieb unauffindbar, und der

Junge musste ohne ihn zu Bett. Doch mitten in der Nacht kam Mama und Papa eine Eingebung. War es möglich, dass der Teddy bei einem kurzen Stopp an einer Tank- und Rastanlage bei Langwedel versehentlich ausgestiegen war? Eine Streife machte sich nach Eingang der Vermisstenanzeige auf den Weg – und tatsächlich: Der Teddy wurde gesund und munter angetroffen und fand seinen Weg zurück in die Arme seines kleinen Besitzers.

Alarmbelästigung

So kann kein Mensch schlafen: In den Nachtstunden rief eine ältere Dame in Bad Belzig (Potsdam-Mittelmarkt) entnervt die Polizei um Hilfe, weil ein Rauchmelder in ihrer Wohnung am laufenden Band, aber nichtsdestotrotz völlig grundlos ansprang. Das Problem bei der Sache: Sie reichte nicht bis an die Decke, um das Gerät auszuschalten. Die Polizei kam, deaktivierte den Alarm, und endlich kehrte wieder Ruhe ein.

Ein Rauchmelder war es auch, der eine andere Seniorin in Aufregung versetzte. Die 75-Jährige aus Geestemünde (Bremen) rief besorgt bei der Polizei Bremerhaven an, weil sie befürchtete, ein kleiner Vogel habe sich in ihrer Küche verirrt und säße jetzt hilflos auf dem Küchenschrank. Da sich die Dame nicht selbst als Vogelfängerin betätigen konnte, fuhren Beamte zu ihrer Wohnung, um den Piepmatz an die frische Luft zu befördern. Doch kaum hatten sie die

Küche betreten, herrschte schlagartig Ruhe, dem Vögelchen schien es angesichts des Polizeiaufgebots die Sprache verschlagen zu haben. Dann allerdings vernahmen die Einsatzkräfte kurze klägliche Piepsgeräusche. Die kamen jedoch nicht von einem verirrten gefiederten Freund, der sich verflogen hatte, sondern von einem Rauchmelder an der Zimmerdecke, dessen Batterie fast leer war, weshalb das Warngerät über kurze Impulse auf diesen Missstand aufmerksam machte. Da die Seniorin in weiser Voraussicht Ersatzbatterien im Haus hatte, konnten die Polizisten das Problem im Handumdrehen lösen.

Erhitzte Gemüter

Da sich eine 89-Jährige in Jockgrim (Rheinland-Pfalz) nicht anders zu helfen wusste, wandte sie sich via Notruf an die Polizei in Wörth. Grund des Anrufs: Die Dame wollte sich ins Bett begeben, doch für einen erholsamen Schlaf war es in ihrer Wohnung viel zu warm. Und da sie bereits vergeblich versucht hatte, einen Techniker zu erreichen, hoffte sie nun auf Unterstützung seitens der Beamten. Umgehend kümmerten sich zwei Streifenpolizisten um ihr Anliegen. »Mit viel technischem Verständnis gelang es den beiden jungen, vielseitig einsetzbaren Beamten, die Temperatur der Heizung zu regulieren, nachdem sie die Wohnung mit dem Einverständnis der Dame kurz durch Öffnen der Haustür belüftet hatten«, teilte die Polizeidirektion Landau mit.

Für alle Fälle informierten die Beamten noch den Sohn der Seniorin und leisteten ihr bis zu dessen Eintreffen gern Gesellschaft.

Erste Hilfe

Drei Beamte der Dortmunder Polizei (Nordrhein-Westfalen) befanden sich auf dem Rückweg von einer Erste-Hilfe-Fortbildungsmaßnahme, als ein kurz vor der B54 stehender Krankentransporter ihre Aufmerksamkeit erregte. Schnell wurde klar, dass der Mann hinter dem Steuer das Bewusstsein verloren hatte. Die Polizisten brachen schleunigst die Fahrzeugtür auf. »Frisch beschult und auch noch mit Trainingsmaterial aus der Schulungsmaßnahme ausgerüstet«, wie es im Polizeibericht stand, gelang es ihnen, den Fahrer unter anderem durch eine Herz-Lungen-Massage wiederzubeleben. Kurz darauf trafen die ersten Rettungskräfte der Feuerwehr ein, die den Mann weiter stabilisieren konnten. Dankbar über das schnelle Eingreifen der Polizisten war übrigens noch jemand: Hinten im Krankentransporter befand sich ein Patient, der zur lebenswichtigen Dialyse gebracht werden sollte. Auch er hat die Aufregung dank der Ersthelfer gut überstanden.

Autoknacken zum Kindeswohl

In Ludwigshafen (Rheinland-Pfalz) meldete sich eine aufgelöste Mutter bei der Polizei, weil sie ihr geparktes Fahrzeug nicht mehr öffnen konnte. Just in dem Moment, als sie die Heckklappe geschlossen hatte, war der Autoschlüssel in den Kofferraum gefallen. Zu allem Unglück saßen ihre einjährigen Zwillinge im Wagen fest. Bei der anschließenden Rettungsaktion legten die Beamten beachtliches Talent als Autoknacker an den Tag. Wie das Polizeipräsidium Rheinland-Pfalz mitteilte, bastelten sie sich mit vorhandenem Werkzeug ein Hilfsmittel, mit dem sie die Dichtung der Heckscheibe entfernen und so den Schlüssel fixieren konnten. Mit einem weiteren Gegenstand schafften sie es, den Knopf zum Öffnen zu drücken und die Zwillinge zu befreien. Eine bemerkenswerte Leistung, da »Autoknacken« sicher nicht auf dem Stundenplan der Polizeischule gestanden hatte.

Verklemmter Student

Gründlich in die Hose gegangen sind die erotischen Eskapaden eines jungen Mannes aus den USA: Eine Person sei in einer Steinvulva stecken geblieben, lautete ein Notruf bei der Polizei in Tübingen (Baden-Württemberg). Diesen

Albtraum erlebte ein US-amerikanischer Austauschstudent, der sich einer leicht abwegigen Mutprobe stellte. Der offensichtlich mehr von seiner Libido als von Forscherdrang getriebene Hochschüler hatte es sich in den Kopf gesetzt, sich an der Großskulptur auf dem Tübinger Schnarrenberg zu schaffen zu machen. Wohl um seine anatomischen wie kunsthandwerklichen Kenntnisse zu vertiefen, versuchte der Student sich in den engen Spalt des Kunstwerks hineinzuquetschen. Und blieb mit beiden Beinen in der Steinspalte stecken. 22 Feuerwehrleute waren erforderlich, um den jungen Mann aus der Marmormuschi zu befreien, »und zwar händisch, ohne Geräteeinsatz«, wie die Rettungskräfte beteuerten. Der Kletterer blieb unverletzt, auch die Skulptur nahm keinen Schaden. Tübingens amtierender Oberbürgermeister Boris Palmer erklärte, »auch unter Berücksichtigung maximaler Adoleszenzphantasien« könne er sich den Unfallhergang nicht erklären, und »für eine solche Glanzleistung 22 Feuerwehrleute einsetzen zu müssen, verursacht geradezu seelische Qualen«.

Die aus rotem Veroneser Marmor gehauene Skulptur *Pi Chacán* des peruanischen Künstlers Fernando de la Jara steht seit 2001 vor dem Institut für Mikrobiologie und Virologie des Universitätsklinikums Tübingen. Das einer weiblichen Scheide nachempfundene Kunstwerk betrachtet der Künstler als »Tor zur Welt«. Der aus der Sprache der peruanischen Indios entlehnte Name bedeutet so viel wie »Liebe machen«.

Geburtstagsständchen in Uniform

Freudig überrascht zeigte sich eine 90-Jährige im April 2020 in Oldisleben (Thüringen), als Überraschungsgäste vor ihrer Tür standen, und zwar zwei Streifenwagen mit Blaulicht und Fotografen nebst einem Kamerateam. Als die Polizisten »Happy Birthday« anstimmten, kannte ihre Begeisterung keine Grenzen mehr. Sichtlich gerührt nahm die Frau die Glückwünsche und kleinen Präsente zu ihrem Geburtstag entgegen. Den außerplanmäßigen Besuch arrangiert hatte ihre in Bayern wohnhafte Familie. Über Facebook hatten sich die Verwandten an die Thüringer Polizei gewandt, da wegen der Corona-Beschränkungen eine große Familienfeier zu Ehren der Seniorin abgesagt werden musste. Worüber die Angehörigen, aber vor allem die Jubilarin selbst sehr traurig war. Inspiriert von Polizeiaktionen in anderen Ländern, baten die Angehörigen die Beamten um eine Überraschung für ihre Omi in Form eines Ständchens. Gemeinsam mit der Pressesprecherin der Landespolizeiinspektion Nordhausen wurde dieser Wunsch vom Leiter der Polizeistation Artern und einem Mitarbeiter gerne erfüllt.

Auszeichnung fürs Plüschtier

Ein Teddybär hat auf der Autobahn nichts verloren. Das befand auch die Autobahnpolizei Mannheim, die beherzt das Plüschtier von der A6 rettete. Nach einer groß angelegten medialen Suchaktion meldete sich schließlich ein 54-Jähriger aus dem Rhein-Neckar-Kreis (Baden-Württemberg). Er hatte das Plüschtier am Tag zuvor bei einer Motorradfahrt verloren. Der niedliche Sozius war eigentlich als Geschenk für die kleine Tochter einer befreundeten Familie gedacht, hatte sich aber von der Gepäcktasche gelöst. Nachdem der Plüschbär spannende Tage auf der Wache des Verkehrsdienstes verbracht hatte, erfolgte schließlich die Übergabe. Und zum Andenken an seine Retter bekam er gleich noch das Wappen der Polizei an seine rote Schleife geheftet.

Stoffdackel im Auge des Gesetzes

Da glänzten die Augen einer einjährigen Hundemami, als sie ihr geliebtes Stofftier wieder in die Arme schließen konnte. Ihre plüschige Freundin, die ursprünglich Rosi hieß, aber von der kleinen Besitzerin »Rogi« genannt wurde, wartete bereits sehnsüchtig darauf, bei den Ordnungshütern abgeholt zu werden. Die Sache hatte natürlich eine Vorgeschichte. So erzählten die Eltern des Mädchens, dass die Dackeldame vermutlich beim Spazieren aus dem Kinderwagen »gesprungen« sein musste. Als der Verlust bemerkt wurde, flossen verständlicherweise etliche Tränen bei der Einjährigen, und die Familie machte sich schleunigst auf die Suche nach dem vermissten Kuscheltier. Was sie bis dato nicht wusste: Aufmerksame Beamte der Wache Neuss (Nordrhein-Westfalen) hatten bei ihrer Streifenfahrt den kleinen Stoffdackel auf der Straße bemerkt und »Rogi« aufs Revier gebracht. Aufgrund eines Aufrufs bei Facebook erfuhr die Familie, dass der verloren geglaubte Vierbeiner wohlauf war und auf sie wartete.

Catering im Streifenwagen

Statt eines Cateringservices brachte ein Polizist Kindergartenkindern die heiß ersehnten Spaghetti Bolognese vorbei. Er war eingesprungen, nachdem der Wagen des Caterers auf dem Weg zum Kindergarten in einen Unfall verwickelt worden war. Das total verbeulte Fahrzeug musste abgeschleppt werden, das Mittagessen für die Kleinen drohte auszufallen. Doch die Polizisten, die den Unfall aufnahmen, wussten Rat. Sie riefen kurzerhand einen weiteren Streifenwagen herbei. In den wurden die Thermobehälter mit den Spaghetti umgeladen und zu der Betreuungseinrichtung gebracht – wo der Auslieferungsfahrer natürlich zum Helden des Tages avancierte. Auch wenn für ihn am Ende kein Portiönchen mehr übrig geblieben war, wie die Polizei Aachen augenzwinkernd mitteilte.

Taxifahrt mit Begleitschutz

Taxi spielten Polizisten in Oppenweiler (Baden-Württemberg) für einen betrunkenen Autofahrer. Aufgefallen war der Mann, da er in Schlangenlinien auf der Hauptstraße gefahren war. Als die Beamten bei ihm einen Alkoholtest machten, stellte sich heraus, dass er 1,6 Promille hatte. Er musste mit auf das Revier, wo eine Blutentnahme stattfand. Anschließend wollte der Mann jedoch das Polizeigebäude nicht mehr verlassen. Zwar wurde er nach draußen gebracht, doch dort blockierte er die Ausfahrt des Wache. Die Beamten fuhren den hartnäckigen Gast schließlich persönlich nach Hause.

Voneinander gefesselt

An einem Freitagabend gegen 23 Uhr erschien ein scheinbar verliebtes Pärchen in Braunschweig (Niedersachsen) auf der Wache der Autobahnpolizei mit einem speziellen Anliegen. Der Dame war zuvor einvernehmlich eine Stahlhandfessel von ihrem Partner angelegt worden. Allein, das Paar konnte den Schlüssel nicht mehr auffinden, die Frau blieb nach dem Liebesspiel gefangen. Zu ihrem Glück konnten die Polizisten die zweckentfremdeten Fesseln mit den dienstlichen Handschellenschlüsseln öffnen. Das experimentierfreudige Pärchen bedankte sich sichtlich erleichtert für die Hilfeleistung.

Mitgift gesichert

Dass das Geld auf der Straße verloren geht, ist nicht nur eine Redensart, sondern kommt manchmal tatsächlich vor, nämlich dann, wenn es jemand verliert. Und damit ist es dann auch meist auf Nimmerwiedersehen verschwunden. Ein absoluter Glücksfall für den Eigentümer ist es, wenn die Scheine von der Polizei gefunden werden. Beamte des Reviers Waldstadt (Karlsruhe) entdeckten spätabends einen Geldbeutel auf der Fahrbahn und die dazugehörigen Banknoten, die durch vorbeifahrende Autos aufgewirbelt wurden. Die Ordnungshüter walteten umgehend ihres Amtes, sicherten zunächst den Straßenabschnitt und anschließend das Geld. Noch während die Polizisten mit dem Einsammeln beschäftigt waren, eilte ein aufgeregter Motorradfahrer an die Fundstelle und berichtete, dass ihm auf dem Heimweg sein Portemonnaie aus der Tasche gefallen sein müsse. Darin befand sich ein nicht unerheblicher Geldbetrag in bar, den er für die Hochzeitsfeier seiner Tochter abgehoben habe. Die verlorene Mitgift wurde dem überglücklichen Brautvater ausgehändigt, und Trauung und Hochzeitsfeier konnten ohne wesentliche Stimmungsverluste vonstattengehen.

Im Nebel verirrt

Ein Autofahrer verständigte die Polizeiautobahnstation Langenselbold (Hessen), nachdem er auf der A3 im Bereich des Autobahndreiecks Seligenstadt einen Mann bemerkt hatte, der sich offensichtlich verlaufen habe. Mit seiner Vermutung lag der Anrufer goldrichtig. Wie sich beim Eintreffen der Beamten herausstellte, handelte es sich um einen 56-jährigen Babenhausener, der gegen 9.30 Uhr zu »einer kleinen Joggingrunde« aufgebrochen war. Leider waren die Wetterverhältnisse an diesem Tag eher suboptimal. So verlor der Freizeitsportler aufgrund des dichten Nebels und mangelnder Ortskenntnis irgendwann die Orientierung und landete ausgerechnet auf der Autobahn. In seiner Not versuchte er an einer Notrufsäule, einen Abschleppdienst dazu zu bringen, ihn abzuholen. Das Ansinnen wurde abgelehnt – mit der Begründung, man sei nur für liegen gebliebene Fahrzeuge zuständig. Entsprechend dankbar war der unterkühlte Jogger, als die Polizei eintraf. Die wiederum hatte zum Glück kein Problem damit, dass er auf Schusters Rappen unterwegs war, und brachte ihn mit dem Streifenwagen nach Hause.

Urlaub gerettet

Beamte der Berliner Wasserschutzpolizei sorgten dafür, dass ein Tourist seinen Aufenthalt in der Hauptstadt in guter Erinnerung behalten konnte. Dem Besucher war seine wasserdichte Videokamera am Kupfergraben in die Spree gefallen. Hilfesuchend wandte er sich an die Wache Mitte. Zwei Beamte machten sich daraufhin mit einem Boot auf den Weg, angelten die Kamera erfolgreich mit einem Kescher aus dem Wasser und übergaben diese an ihren dankbaren Besitzer.

Abgehängt

Manchmal endet eine Fahrradtour mit unliebsamen Überraschungen. Diese Erfahrung machte eine Siebenjährige, als sie sich zusammen mit ihrem neunjährigen Bruder und einem Bekannten zu einem kleinen Ausflug rund um Leinfelden-Echterdingen (Baden-Württemberg) aufmachte. Da ihr die Puste ausging, musste sie an einem steilen Berg absteigen und den Drahtesel nach oben schieben. Die anderen fuhren munter weiter, in völliger Unkenntnis, dass sie ihre kleine Begleiterin abgehängt hatten. Das Mädchen wendete sich tränenüberströmt an eine Passantin und erkundigte sich nach dem Weg zurück nach Echterdingen, woraufhin die Frau die Polizei verständigte. Die Beamten ließen das verschreckte Kind den Heimweg jedoch nicht allein antreten, sondern brachten es nebst Fahrrad mit einer Streife sicher zurück zu Mama nach Musberg. Dort trafen wenig später die anderen zwei Ausflügler ein, die das Mädchen zuvor vergeblich gesucht hatten. Die Erleichterung über den glücklichen Ausgang dürfte bei allen Beteiligten gleichermaßen groß gewesen sein.

Pannenhilfe für den Nikolaus

Auch der Nikolaus ist nicht vor Pannen gefeit. Und weil sein »Schlitten« versagte, hätte er es 2019 beinahe nicht mehr pünktlich zu den Kindern der Grundschule in Godelhausen (Rheinland-Pfalz) geschafft. Zum Glück wurde er von einem Diensthundeführer entdeckt, als er sich ratlos über die Motorhaube seines Fahrzeugs beugte. Dem klagte er auch gleich sein Leid. Ein echter Notfall, keine Frage. Da sich auf die Schnelle keine Rentiere auftreiben ließen und der »Schlitten« weiter bockte, wurde der Nikolaus von dem Beamten zu seinem Einsatzort gebracht. Zum Dank durften er und sein Diensthund gemeinsam mit dem Mann in Rot für ein Erinnerungsfoto posieren, wie das Polizeipräsidium Westpfalz stolz mitteilte.

Die »110« kennt jedes Kind

Wer die Hilfe der Polizei braucht, wählt »110«. Das wusste auch ein Zwölfjähriger in Aachen (Nordrhein-Westfalen), den die Angst beschlich, während er alleine zu Hause war. Im Garten höre er Geräusche und das Licht des Bewegungsmelders sei angesprungen, teilte er den Beamten am Telefon mit. Für den Jungen ein klarer Fall: Irgendjemand trieb sich draußen herum. Während das Kind in der Leitung blieb, rückten die Ordnungshüter schleunigst aus, konnten vor Ort jedoch nichts Auffälliges entdecken. Möglicherweise hatte sich die Katze des Nachbarn auf dem Grundstück herumgetrieben. Dennoch ließen sie den Zwölfjährigen nicht allein und warteten mit ihm gemeinsam auf den Papa. »Der kleine Mann hat alles richtig gemacht. Schön zu wissen, dass die junge Generation auch die ›110‹ kennt und nun zu schätzen weiß«, hielt die Polizei im Bericht fest.

Polizei als Brauthelfer

Als Retter in der Not erwies sich eine Streife der Polizeistation Hofheim (Hessen). Frühmorgens ging ein außergewöhnlicher Anruf ein: Ein nervöser Mann erzählte den Beamten, dass seine zukünftige Ehefrau nach einem dringenden Friseurtermin in einem Stau auf der Autobahn feststeckte. Es war fraglich, ob sie pünktlich um 11 Uhr vor dem Traualtar erscheinen würde. In diesem besonderen Notfall wurde eine Streife auf die Autobahn ausgesandt. Wegen eines brennenden Lkw war die A66 zu diesem Zeitpunkt voll gesperrt. Die Beamten legten sich ins Zeug und konnten das Brautfahrzeug ausfindig machen. Sie sprachen die umstehenden Autofahrer an, baten sie, auf die Seite auszuweichen, und nahmen die Braut ins »Schlepptau«. Die außerordentliche Dringlichkeit ließ es angemessen erscheinen, ausnahmsweise eine Abkürzung über eine Baustelle zu nehmen, sodass die Hochzeit pünktlich beginnen konnte.

Zu einem glücklichen Ende verhalf die Bundespolizei am Bahnhof Hamm (Nordrhein-Westfalen) ebenfalls einem Mann, der auf der Zugfahrt von Karlsruhe zu seiner Hochzeit in der Aufregung seinen Anzug in der Gepäckablage liegen gelassen hatte. Der verzweifelte Bräutigam konnte nur noch fassungslos dem abfahrenden IC hinterhersehen. In seiner Not wandte er sich an die Wache. Er benötige dringend Hilfe, da er sich ansonsten bei seiner zukünftigen Frau nicht sehen lassen könne. Die Bundespolizisten ermittelten umgehend den Namen und die Telefonnummer des Zugführers, »der den Hochzeitsanzug im Zug schnell fand und das äußerst wichtige Hochzeits-Accessoire bei der Ankunft des Zuges in Hannover der dortigen DB-Servicestelle übergab«, wie es im Polizeibericht heißt. Der erleichterte Ehekandidat rief seine Braut umgehend an, um ihr vom glücklichen Ausgang des Missgeschicks zu berichten.

Nachträgliches Hochzeitsgeschenk

Ein nachträgliches Hochzeitsgeschenk gemacht hat die Polizei einem Brautpaar aus Dortmund (Nordrhein-Westfalen). Gefunkt hat es bei den beiden schon früher, aber geblitzt worden sind sie ausgerechnet an ihrem Hochzeitstag – und zwar von einem Radarkontrollgerät. Auf ihrer Facebook-Seite berichteten die Beamten, dass sich der 26 Jahre alte Bräutigam einige Zeit später an die Polizei gewandt habe, weil er sein eigenes »Erinnerungsfoto« der rasanten Hochzeitsfahrt im Mai 2018 nicht mehr finden konnte. »Ein ungewöhnliches Ansinnen«, befanden die Ordnungshüter. Dem glücklichen Paar konnte geholfen und das Bild noch einmal zugesendet werden – stilecht mit zwei Smileys verfremdet.

Start in die gemeinsame Zukunft

Einen handfesten Ehestreit schlichten – noch vor der Hochzeit – mussten drei Beamte der Polizeiinspektion Ludwigshafen-Oppau (Rheinland-Pfalz). In der Wohnung im Stadtgebiet trafen sie auf eine 23-Jährige und ihren 26-jährigen Partner. Nach einer mehrjährigen Beziehung wollten sie in den nächsten Tagen endlich ihre lang ersehnte Hochzeit feiern. Zu beider Unglück mussten sie nun aber feststellen, dass das Brautkleid infolge einer Medikamenteneinnahme nicht mehr passte. In der Meldung des Polizeipräsidiums Rheinpfalz hieß es: »Um ihren Körper auf die Schnelle in Form zu bringen, bestellte die 23-Jährige im Internet eine Corsage.« Darüber geriet das Paar dermaßen in Streit, dass die Frau ihrem Zukünftigen mit einer Whiskeyflasche auf den Kopf schlug. Der Mann blieb glücklicherweise unverletzt. Schließlich gestanden sich die beiden vor den Beamten dennoch ihre Liebe und erklärten, an den Hochzeitsplänen festhalten zu wollen. Daraufhin schloss die Polizei den Fall und vermeldete: »Wir wünschen dem Paar eine schöne Hochzeitsfeier und einen tollen Start in die gemeinsame Zukunft!«